JN268752

ジェンダー・エシックスと社会福祉

Kiyoe Sugimoto

杉本貴代栄［編著］

ミネルヴァ書房

はしがき

　1990年代に入り，ジェンダー（社会的・文化的に形成された性別）をめぐる議論は盛んになり，さまざまな学問領域にも及ぶようになった。社会福祉もその例外ではない。その速度はきわめてゆっくりではあるけれども，社会福祉とジェンダーのかかわりが問われるようになった。しかしこのような作業が進むと，すぐに社会福祉の構造自体が内包している「ジェンダー不平等」に突きあたる。このような「ジェンダー不平等」とは，社会福祉の基底にある「社会福祉の倫理」――道徳，価値観といったもの――と強く結びつき，社会福祉と女性とのかかわりを一定の方向に向けて規定しているからである。それならば，まずは「社会福祉の倫理」をジェンダー議論の俎上に乗せなければならないことになる。

　本書は，このような理由により，「社会福祉の倫理」を取り上げたものである。もちろん倫理学を論じようというのではなく，社会福祉の内部に構造化された，社会福祉をかたちづくっているイデオロギー，価値，あるいは抑圧の慣行・埋め込まれた女性観をあらためて取り上げようとするものである。つまり，倫理のもつジェンダー側面に注目し，社会福祉と女性とのかかわりを議論の場に引き出すことを意図したものである。

　以上のような試みを進めるために，本書では「ジェンダー・エシックス（ジェンダー倫理）」と「フェミニスト・エシックス（フェミニスト倫理）」という二つの言葉を使い分けている。倫理とは人間を拘束・束縛する社会規範であり，このような文脈からすると，ジェンダーから派生し，社会福祉と女性のかかわりを規定する倫理を，「ジェンダー・エシックス」と名付けた。しかし他方で倫理とは，人間を種々な拘束や束縛から自由にし，社会の仕組みを変えることに資するものでもあり，この後者の意味する倫理を「フェミニスト・エシックス」と呼び，めざすべき展望として位置づけた。

　本書の構想は，ミネルヴァ書房から1997年に出版した『社会福祉のなかのジ

ェンダー――福祉の現場のフェミニスト実践を求めて』の執筆中に生まれた。『社会福祉のなかのジェンダー』は，社会福祉の現場で「ジェンダーから派生する女性の抱える問題」に取り組んでいる人々（その実践の大部分は草の根的な，あるいは個人的な実践である）の実践を取り上げ，その基底にはジェンダーという共通の問題があることを明らかにすることを試みたものである。その作業のなかから，社会福祉のもつジェンダー倫理をあらためて検討することの必要性を痛感したからである。ゆえに本書は，『社会福祉のなかのジェンダー』の姉妹編といってもいいだろう。姉妹両書とも，本書の論者である須藤八千代さんと吉田恭子さんの協力のもとに出版が進められた。このようなシスターフッドがおおいに寄与したことを記しておこう。

　私たちの試みはまだはじまったばかりで，今後にわたる継続した作業が必要とされる課題である。このような新しい試みを理解し，力を貸してくれたミネルヴァ書房の五十嵐靖氏にあらためて感謝する。

　2000年6月

編者　杉本　貴代栄

目　次

はしがき

第1章　社会福祉の困難……………………………………杉本貴代栄
　　　──ジェンダー・エシックスをめぐって
　1．はじめに：「見える」ようになった社会福祉のなかのジェンダー　1
　2．社会福祉における「倫理」の多面性　3
　3．福祉国家に内在するジェンダー　7
　　　──倫理とスティグマ
　4．いかに「負の倫理」が施行されるか　9
　　　──日本における二重の抑制
　5．「ジェンダー・エシックス」からフェミニスト倫理へ　11

第1部　ジェンダー・エシックスと理論

第2章　ジェンダー・エシックスの自覚から，
　　　　シングル単位思想の獲得へ……………………伊田　広行
　1．ジェンダー・エシックスを意識する　20
　2．家族単位という規範を意識する　22
　3．シングル単位という価値観体系を提起する　26
　4．ジェンダー・エシックスを自覚しない近代主義者を批判する　29
　おわりに　35

第3章　日本社会の母性観とその形成過程……………大日向雅美
　はじめに　38
　1．曖昧な母性概念　39
　2．従来の母性観では対処しきれなくなった子育ての現実　40
　3．母性イデオロギーの形成過程　42
　4．「科学」を根拠とした母性イデオロギー　47
　5．今，求められている子育て支援と新たな子育ての理念　53

第4章　ケアの規範 …………………………………内藤　和美
　　はじめに　56
　　1．ケアの概念　57
　　　　——ケアはどのように概念され，どのように論じられているか
　　2．「ケアすること」とジェンダー　63
　　　　——「ケア役割」再論

第5章　買春肯定論の陥穽 …………………………………大越　愛子
　　1．売春化される身体　74
　　2．性的欲望の装置　77
　　3．性の市場化　81
　　4．売春をめぐるさまざまな性言説　85
　　5．買春体制と闘うフェミニスト・エシックスに向けて　89

第2部　ジェンダー・エシックスと社会福祉実践

第6章　社会福祉と女性観 …………………………………須藤八千代
　　はじめに　94
　　1．『ニッポン貧困最前線——ケースワーカーと呼ばれる人々』と女性観　95
　　2．社会福祉が内包する倫理　99
　　3．社会福祉のなかの女性観　102
　　4．社会福祉と女性　105
　　5．社会福祉とフェミニスト・エシックス　107
　　おわりに　109

第7章　ドメスティック・バイオレンスの社会問題化と
　　　　エシックス …………………………………高井　葉子
　　　　——女性が主体の異議申し立て運動
　　はじめに　113
　　1．問題提起活動　114
　　2．問題提起の場としての調査報告書の分析　118
　　3．ドメスティック・バイオレンスの社会問題化とエシックス　125
　　おわりに　131

第8章　社会保障・社会福祉の家族観 ……………………大塩まゆみ

はじめに　*136*
1. 社会保障と家族扶養　*136*
2. 社会保障制度のいだく家族像　*142*
3. 離別母子世帯と社会保障・社会福祉　*145*
4. 家族扶養の倫理と女性の自立　*148*

おわりに　*151*

第9章　女性障害者の結婚生活と障害者観 ……………伊藤智佳子
　　　　──結婚している女性障害者の聞き取りを基に

はじめに　*154*
1. ジェンダーの視点からの既存の調査の不十分さ　*156*
　　──『平成3年身体障害者実態調査報告書』『障害を持つ女性の生活
　　　実態調査』を手がかりとして
2. 結婚している女性障害者への聞き取りのまとめ　*159*
3. 聞き取り調査にみる女性障害者問題とその背景にある障害者観　*165*

おわりに　*168*

第10章　ソーシャルワーク実践における
　　　　　ソーシャルワーク倫理の再検討 ……………………吉田　恭子

はじめに　*171*
1. フェミニスト倫理とは何か　*172*
2. ソーシャルワークの価値・倫理をめぐる議論とジェンダー　*176*
3. フェミニスト視点に基づくソーシャルワーク実践の開発に向けて　*184*

結　章　フェミニスト倫理へ向けて ……………………………杉本貴代栄

1. 構造化・内面化された倫理　*189*
2. ジェンダー・フリーの陥穽　*192*
3. 社会福祉が取り組むべき課題　*195*

おわりに　*201*

第1章 社会福祉の困難
—— ジェンダー・エシックスをめぐって

杉 本 貴 代 栄

1. はじめに：「見える」ようになった社会福祉のなかのジェンダー

　フェミニズムの影響を受けることが少なく，女性が「見えない存在」とされてきた社会福祉だが，それでも近年になり，社会福祉にはジェンダーから派生する問題が存在すること，それらが女性たちの抱える困難と結びついていることが問われるようになった。社会福祉の課題とは極めてジェンダーと密接に関連していること，そして現存の社会福祉の制度はそれらの問題を十分に援助していないことが「見える」ようになったのである。このような社会福祉とジェンダーの不幸な関わりは，1990年代に入るとたびたび取り上げられるようになった。
　議論が集約して現れた領域のひとつは，高齢者問題である。高齢社会の進展は，高齢者を介護する側に公私ともに女性が割り当てられることが多いこと，また人口趨勢からしても高齢者自身に女性が多く，特に後期高齢者に女性が占める率が一段と高いこと等，「高齢者問題は女性問題」との認識が高まったからである。高齢社会の進行は，今まで語られることが少なかった社会福祉とジェンダーの関係を，はからずも表舞台に登場させることとなった。
　高齢者問題以外でも，社会福祉とジェンダーの関わりは問われるようになる。女性の抱える困難に社会福祉の制度が十分に対応できないことが明らかになったからである。そのひとつは，女性が抱える「新しい問題」への対応である。「新しい問題」とは，今まで存在しながら見えなかった問題が，社会的な問題

として認識されるようになった問題のことである。ドメスティック・バイオレンス，性暴力，児童虐待・遺棄，近親姦，セクシュアル・ハラスメント，性の商品化等がそれにあたる。例えば，「夫（恋人）からの暴力」を指すドメスティック・バイオレンスは，夫が妻に重傷を負わせるような暴力を振るっても，従来は「夫婦ゲンカ」としてプライベートな問題とされ，社会的な支援が必要な問題としてとらえられてはいなかった。しかしドメスティック・バイオレンスとは，男性の優位と女性の従属という社会の構造的力関係に依って立つ問題であり，被害を受けた女性への援助が緊急に必要とされる分野である。社会福祉の制度のなかでは主として婦人相談所が対応にあたってはいるが，売春防止法を根拠とする制度による対応では限界があり，被害女性を援助する適切な施策を講じることは社会福祉の緊急の課題となった。また，このような「新しい問題」だけではなく，従来から社会福祉の「女性問題」とされた課題についても制度の不備が明らかになった。例えば母子世帯問題においては，「死別」にとって代わって離婚や未婚による母子世帯の出現が増加したことは，社会福祉の新たな対応を必要としている。これらの問題もまた，女性がジェンダーから派生する困難の担い手であること，それへの社会福祉の対応が不十分であるという，社会福祉とジェンダーの不幸な関係を明らかにしたのである。

　社会福祉のなかに存在するジェンダーの問題が次第に明らかになったことは，社会福祉の構造自体が内包している「ジェンダー不平等」を改めて問題にしたのだった。社会福祉（政策や制度だけでなく，社会のあり方や福祉観も含めて）の「あり方」が，男女間で異なっていること，あるいは男女間で不平等に割り当てられることに働いているからである。社会福祉に内在するこのような「ジェンダー不平等」を排除し，社会福祉を再構築することが必要なのである。しかし，そのような再構築の作業が簡単であるわけもないし，進展しているわけでもない。なぜならば，社会福祉の基底にある「社会福祉の倫理」——道徳，価値観——といったものがジェンダーを偏在することに働いていること，そしてそれは「家族観」「女性観」といった，変えにくい価値観や意識と強固に結びついているという大きな困難を抱えているからである。[1]「ジェンダー不平等」

を排除し，女性にとって，そして男性にとってもより有効な社会福祉の制度の再構築を検討するためには，このような社会福祉の困難を克服することが必要とされている。ここではそのためのステップとして，社会福祉のなかの「ジェンダー・エシックス」―いわば「負の倫理」について考察してみたい。[2]

2. 社会福祉における「倫理」の多面性

　まず，ここで問題にする「社会福祉の倫理」とはどういうものなのかを整理しておこう。社会福祉が「倫理」という用語を使用する場合，さまざまな文脈のなかで使われ，意味するところは必ずしも一律ではない。しかし「倫理」がどのような多面性を持つにしても，90年代に入ってフェミニズムの立場からたびたび取り上げられるようになった課題である[3]。特にアメリカにおいては，社会福祉のなかで取り上げることが多くなった[4]。その理由として，アメリカにおいて顕著となった，①「新しい問題」の出現，②福祉改革の影響，をあげることができるだろう。①とは，社会福祉の対象とする問題として，同性愛の家族，10代の妊娠，HIV，代理母に代表される生殖技術の進歩による新しい家族問題，といった文字通りの「新しい問題」が増加し，倫理や価値をめぐる葛藤が生じているからである。日本においても，上述したように社会福祉の対応を必要とする「新しい課題」も生じてはいるのだが，この点に関してはアメリカの社会福祉の方が圧倒的に「新しい問題」への対応を求められており，それが社会福祉の倫理を問う機会となっていることは間違いない[5]。②とは，1996年に成立した「福祉改革法」として知られる「個人責任と雇用機会法（The Personal Responsibility and Work Opportunity Act of 1996）」により大幅に削減された援助をいかに行うかというジレンマの問題である。主としてシングルマザーを対象としていたAFDC（要扶養児童家族援助）が大幅に削減され，TANF（貧困家庭一時扶助）として施行されたことを焦点としている。このような状況においては，「社会福祉の倫理」を改めて問うことが，さらにフェミニズムの視点から再検討することが必要とされている。

しかし，取り上げられることが多くなった社会福祉の倫理とは，さまざまな文脈のなかで語られる。まずは，次の三つの例からその違いを見てみたい。

　〈例①〉「ソーシャルワーク倫理は，ソーシャルワーカーがソーシャルワーカーとしての能力，役割，地位をもってする行動を先導し，規制し，統制する。ソーシャルワーク倫理は，ソーシャルワーカーが専門職としての機能を遂行し，またソーシャルワーク専門職のメンバーとして行為していく場合に期待されるものを表している。（略）これらの詳細なソーシャルワーク倫理のなかには，ソーシャルワーク倫理の原則と必要事項，それらがソーシャルワーカーによって適用されていくのを評価していくための基準が含まれる。」
出典：チャールズ・S．レヴィ（小松源助訳）『ソーシャルワーク倫理の指針』勁草書房，1994年。

　〈例②〉「ミミ・アブラモビッツ（Abramovitz, Mimi）により提出された『家族倫理（Family Ethic）』とは，女性と『福祉国家』の関係を解明するためのキイ・タームとして一般的になりつつある概念である。『家族倫理』とは福祉国家が女性の生活を規制するひとつの方法であり，その役割を理解することが，女性と福祉国家の関係を解くことになるという。社会福祉は，労働可能な人々は公的福祉より賃金労働を選択すべきだという『抑制の政策』として『勤労倫理』を働かせる。しかしこのダイナミックスは，女性に関しては当てはまらない。男性が『勤労倫理』を強制されるように，女性には，『勤労倫理』にとって変わる『家族倫理』が働くからである。（略）社会福祉政策は，女性の生活が規定された妻・母の役割から離れるよりも，『家族倫理』に限りなく近づくように女性受給者を取り扱う。貧困女性は労働可能な男性よりは援助に値すると見なされるが，男性が労働可能か否かにより『扶助に価する』『扶助に価しない』者とに区別されることと異なり，援助を必要とする女性は家族構成と男性との関係を基にし

て区別される。」

　　　　　　　　　出典：杉本貴代栄『社会福祉とフェミニズム』勁草書房，1993年。

　〈例③〉（1996年に成立した「福祉改革」として知られている The Personal Responsibility and Work Opportunity Act of 1996 をめぐる論議のなかで，福祉予算を拡大することに反対する保守派の代表としてのマッサチューセッツ州知事，ウイリアム・ウェルド（Weld, William）の発言）「社会福祉は，家族，信仰，仕事の倫理を浸食する，社会的冒瀆である」

　　　　　　　出典：アメリカ新聞協会で配付された資料，1995年11月13日。

　〈例①〉が述べている「倫理」とは，専門職としてのソーシャルワーカーに共通する倫理的原則のことであり，一般的に「社会福祉の倫理」といえばこれを意味する。各国はそれぞれソーシャルワーカーの倫理綱領を策定し，最も早かった全米ソーシャルワーカー協会は1960年に「全米ソーシャルワーカー協会の倫理綱領」を策定し，その後数回にわたって改訂した。英国ソーシャルワーカー協会は1975年に，国際ソーシャルワーカー連盟は1976年にそれぞれ策定した。日本ソーシャルワーカー協会も，1986年に「日本ソーシャルワーカー協会の倫理綱領」を宣言し，職業人としての判断や行動を規定し，専門職の責務について述べている。

　このような「社会福祉の倫理」とは，アメリカのように「新しい問題」に直面している状況下においては，また社会福祉士・介護福祉士が制度化されて以降，専門職をめぐる議論が盛んになった日本においても検討すべき重要な課題であるのだが，ここで検証しようとしている「倫理」とは，このような「社会福祉の倫理」のことを意味していないことを断っておきたい。

　〈例②〉ここでいう「家族倫理（Family Ethic）」とは，明らかに①の「社会福祉の倫理」とは異なる。アメリカにおいては1960年代から，フェミニストによる社会福祉のセクシズム批判が行われたものの，初期の試みとは，職業としてのソーシャルワークに内在する性差別や，ソーシャルワークの方法をめぐって

の批判であった。社会福祉の構造自体を再考し，福祉国家そのものに内在するジェンダーを問うようになったのは1980年代の終わり頃からである。アブラモビッツの「家族倫理」とは，このような背景のなかで1980年代後半に提出された概念である。

社会福祉がその構造自体に内在している「家族倫理」は，資本主義と家父長制を取り結ぶ役を果たし，社会福祉がどのようにして女性をコントロールし，男性へと従属させる社会システムを施行したかを説明する。この「倫理」とは，結婚制度，性による労働の分化，女性を「私」男性を「公」へとの割り振り，労働における差別・低賃金を通じての経済的コントロール，ヘテロセクシュアリティーの強要，「男性なき女性」への道徳的制裁等を通じて施行される，女性の生活を抑制する「負の倫理」のことである。そして社会福祉が女性の生活を規制する，つまりジェンダーから派生するこのような「負の倫理」こそ，ここで取り上げる「倫理」――「ジェンダー・エシックス」――である。社会福祉の困難に直結する「ジェンダー・エシックス」を読み解くことが，ジェンダーの視点から社会福祉を再検討するうえで，まずは必要なのである。

〈例③〉のなかに出てくる「倫理」とは，より一般的に広く語られる「倫理」である。そしてこの「倫理」は，社会福祉の外側に存在し，しばしば社会福祉と対峙するものとしてとらえられる。つまり社会福祉とは，ジェンダーをめぐるものであってもなくても「倫理」に背くもの，冒瀆するものとしてとらえられる。存在自体が「負の倫理」を体現するとされる社会福祉とは，スティグマを伴う権利性の希薄なものとならざるをえない。このようなスティグマを伴う「負の倫理」は男女ともに施行されるのだが，「ジェンダー・エシックス」と同時に施行されることによって女性には増幅して出現する。

以上のように，「倫理」とはさまざまな使われ方をしてはいるものの，ここでは女性を男性と異なる取り扱いをすることで女性の側に困難を生じさせる「負の倫理」――例の②③として表現される――を取り上げ，どのように社会福祉のなかに貫かれ，機能しているかを検証してみよう。

3. 福祉国家に内在するジェンダー——倫理とスティグマ

　福祉国家のジェンダー側面に注目する研究は1970年代から出現してはいたが，それらの研究はまずは個々の制度やプログラムに焦点が合わされた。しかし，次第にフェミニストの研究は福祉国家が女性をどう取り扱っているか，福祉国家自体が包含している「ジェンダー不平等」に向けられた。このようなフェミニストによる福祉国家研究は，まずイギリスとオーストラリアではじまり，1980年代半ばにはアメリカでも活発化した。[6] 従来の福祉国家研究における分析の指標は，個人，世帯，職業，階級，世代であり，女性と福祉国家との関係はいくつかの方法に概念化されていたにすぎず，例えば女性とは，①政策の目的や受給者としての存在，②身分のカテゴリーとして，市民，雇用者，クライエントとしての女性，③公的サービスの消費者としての女性，④母としての女性，にすぎなかった。しかしこれらの研究は，福祉国家の「ジェンダー化」——福祉国家のなかのジェンダーの偏在を指摘し，比較分析のなかにジェンダーを持ち込むことの——重要性を主張する。

　このような研究から提出された最も基本的な議論とは，福祉国家のプログラムや福祉政策が，「一定の家族モデル」（過去においても決して大部分を占めていたわけではなく，また現在少なくなりつつある家族）を前提として組み立てられ，それを固定化する機能を果たしていることにある。社会保障や社会福祉のプログラムが前提としている家族とは，ベヴァリッジ・プランに明らかなように，男性が職業について賃金を稼ぎ，女性が経済的に男性に依存し家事・育児を担う家族のことである。このような家族的価値またはジェンダー・イデオロギーは，それぞれ「家族倫理」（ミラー），「家父長制的必然性」（アブラモビッツ），「家父長的福祉国家」（ペイトマン）と名付けられた。[7]

　このような「一定の家族像」を基盤として施行される社会福祉の「負の倫理」とは，①男女の差，②家族の差，③女性性として，社会福祉のなかでそれぞれ出現する。①男女の差とは，福祉国家の受給者としての男女の不平等，ま

たは提供者としての男女の不平等として施行される。労働市場が男性を世帯主と暗黙の内に想定して構築されていることから，たとえ女性が世帯主であっても，男性とは異なる働き方，異なる分野での働かせられ方にならざるを得ない。また福祉労働を例に取ればわかりやすいように，男性よりも女性のほうがより直接的に福祉国家の影響を受けやすい。労働市場の構造が変化していること，資源の抑圧で福祉国家が再編成されつつあること等，福祉国家がジェンダー偏在の側面を強化しつつある現状においては，男女による差はますます拡大するかもしれない。そしてこのような男女の差は，家族という形を取ることによって，あるいは家族という形を取らないことによって，重複して出現する。②家族の差とは，つまりは「結婚」を軸として取り扱いが異なることを意味する。独身であったり，家族であっても同棲や同性愛のカップルであったり，あるいは親子であっても離婚や未婚による親子であれば，「家族の価値」からはずれるために社会福祉の制度の取り扱いが異なる。未婚や離婚によって出現した母子世帯と異なって死別による母子世帯が差別の対象にならないことは，同様な「家族の価値」の反映である。③また，女性が育児・介護を担うことに適しているという女性性の強調は，人々の意識に深く根ざして女性の役割を固定化する。女性性に基づくこのような固定化は，家族の役割分担だけではなく，社会福祉労働に女性が多くを占めること，なかでも直接介護に携わる仕事，条件の悪い仕事に女性を割り当てることにも働く。

　このように施行される「倫理」とは，しばしば社会福祉のスティグマと結びついて増幅される。スティグマとは，女性だけに付属するものではなく，女性でも男性でも社会福祉の受給者につきまとうものであるのだが，女性と男性とではその意味を異にする。男性にとってスティグマとは，勤労倫理と結びつき，「働かないこと」「働けないこと」を意味する。老齢であったり，障害や傷病のために働けないことは仕方がないことであったとしても，「働けない」男性は自他共にスティグマを感じるかもしれない。ゆえに男性に対する最大の援助とは，「仕事を与えること」あるいは「仕事ができるような準備をすること」となる。しかし女性にとってのスティグマは，「働けないこと」ではなく，「養っ

てくれる男性がいないこと」なのである。このような「不幸な」女性に対する援助とは，「仕事をすること」に向けられるのではなく，結婚することに向けられがちである。このような社会福祉のスティグマが男性と女性にとって異なることは，社会福祉が女性の自立を援助する有効な方法となることを妨げる。「負の倫理」とスティグマは車の両輪のように連動して，社会福祉と女性との関わりを規定する。[8]

4. いかに「負の倫理」が施行されるか——日本における二重の抑制

　福祉国家が前提とした「一定の家族像」は，日本においてもすでに家族の大勢を占めてはいない。既婚女性の有業率が50.8％となり，働く主婦が専業主婦を上回ったのが1983年。共働き世帯が片働き世帯を超えたのが1991年。つまり夫が働き，妻が家事・育児に専念するという家族は，「家族モデル」の座にはいない。社会福祉制度がこのような家族の変化に対応していないにもかかわらず，日本において特に社会的な困難を抱える家族が増加しているわけではない。アメリカで顕在化し，社会福祉改革の議論の焦点となったような「貧困の女性化」現象——貧困層の大部分を母子世帯が占める——は顕在化してはいない。
　その理由の第1は，「貧困の女性化」の原因となる母子世帯自体が増加していないことにある。5年ごとに厚生省児童家庭局が行う「全国母子世帯等調査結果の概要」（以下「概要」とする）によると，1960年代後半から総数は漸増し続けたが，1993年調査では789,900世帯と，前回の1988年調査の849,200世帯より減少した。全世帯に占める率も1.9％と，アメリカの17.5％と比較すると極めて少ない。母子世帯が貧困層に占める割合を示す資料はないが，その一端を知るために生活保護受給世帯に占める割合をみると受給世帯全体の8％と，他の受給世帯類型である高齢者世帯45.1％，傷病・障害者・その他の世帯46.9％と比べて低い。[9]
　このように「貧困の女性化」は顕在化してはいないのだが，母子世帯が他の世帯と比べて貧困に近い位置にいることは多くの資料から明らかである。「概

要」によると，母子世帯の年間収入は世帯平均で215万円であり（1992年），一般世帯の648万円の約3割でしかない。前回調査（1988年）では平均202万円，一般世帯が513万円であったから，一般世帯と比べての母子世帯の収入の低さはさらに顕著になったことになる。また，平均では215万円であるが，死別母子世帯は254万円，生別母子世帯では202万円と，特に生別母子世帯の収入の低さが目立つ。「国民生活基礎調査」によっても，母子世帯の年間収入は264万円，高齢者世帯317.1万円，その他の世帯706.8万円となっている（1992年）。また，所得四分位階級別世帯数百分率を世帯類型別にみても，第Ⅰ四分位階級に「母子世帯」の76.5％が集中し，高齢者世帯66.8％，その他の世帯17.7％と比べても，その所得が低位に集中している。アメリカの統計のように，毎年の世帯人数別の「貧困線」を計上していない日本では，果たしてどこからが貧困であるかという線引きをすることは難しいが，所得四分位階級別世帯数百分率からも，母子世帯の「貧困度」は高いといえよう。つまり「貧困の女性化」は顕在化してはいないが，それは深刻な生活問題を抱える母子世帯が少ないことを意味してはいない。女性の貧困問題のルーツとは，「ジェンダー階級的地位—女性を女性として規定する役割」にある。つまり，①女性が出産・子育てを担うこと，②女性が構造的性差別社会のなかで生きること，③女性が結婚という安全弁を持たないこと，が貧困の原因なのであるが，それらは母子世帯に重複して出現するからである。

　なぜ「貧困の女性化」が顕在化しないかという第2の理由としては，防波堤としての「ジェンダー・エシックス」が指摘できる。これはまず，日本的な家族関係と相まって，母子世帯が増加しないことに機能する。母子世帯が，親や親族と同居することによって独立した母子世帯を形成せずに，同居母子世帯（実体は母子世帯であり，児童扶養手当を受給していながら，統計上は親との同居のために母子世帯として集計されない母と子）を形成することである。その存在は，「概要」による母子世帯が789,900世帯でありながら，父と生計を同じくしていない児童を養育するものが対象となる児童扶養手当の受給者が所得制限がありながらも587,232人（1996年）いるということからも充分推察でき

る。またこのような同居母子世帯は、生活上も程度の違いはあっても何らかの援助（必ずしも経済的援助とは限らないが）を受けていることが考えられ、貧困におちいることを防いでいる。また、日本的な家族関係の他の「効用」とは、同居母子世帯を選択する以前に働いているのかもしれない。つまり離婚を選択しないことに機能しているのかもしれない。母子世帯の母が働いて自立していくことの困難さ——労働市場の閉鎖性や「母子世帯観」も含めて——のために母子世帯になることを選択しないからである。日本が他の先進国と異なる大きな特徴は、結婚の安定性と世代間の結び付きであり、離婚は先進国中最低である（1983年がピークで、離婚率1.51）。

　現行の社会福祉制度は、従来の「家族観」にのっとって構築されているために、母子世帯とはその家族観から逸脱した「例外」とされる。そしてその「例外」となった理由別に母子世帯を振り分けることになる。死別により生じた母子世帯は、援助に値する母子世帯として、社会保障法のもとに遺族年金の対象として保護される。離婚や未婚により生じた母子世帯は、援助に値しない母子世帯として、公的援助を厳しく制限される。なかでも未婚により生じた母子世帯への援助は、最も制限される。このように施行される「ジェンダー・エシックス」とそれに付随するスティグマは、公的援助を受給する母子世帯を抑制することに働く。同時にこのような抑制は、離婚や未婚の母の出現を抑制するという、二重の抑制が存在するのである。

5.「ジェンダー・エシックス」からフェミニスト倫理へ

　日本においては、母子世帯の低い発生率——離婚率の低さ——が歯止めとなって、「貧困の女性化」が顕在化することを阻んでいる。しかしそれを阻んでいる本当の理由が、社会福祉に内在する「ジェンダー・エシックス」——母子世帯を取り巻く差別性、公的援助の女性観——であるならば、母子世帯の出現が少ないことは、必ずしも歓迎されるものではない。あえて母子世帯になることを選択する女性が増えれば、「貧困の女性化」は容易に顕在化するだろう。

あるいは「貧困の女性化」が顕在化しないことと引き換えに，女性の自立を支持しない「ジェンダー・エシックス」を維持し続けることになるのだろうか。日本の女性をとりまくこのようなパラドックスを解くこと——「貧困の女性化」——を防ぎ，かつ女性の多様な生き方を助長するためには，現在の社会福祉が包含している，そして人々が何気なく受け入れている「ジェンダー・エシックス」が批判し克服されなければならない。

　それでも90年代に入ると，明らかになった「ジェンダー不平等」を見直そうという動きが，国連や政府から提案されるようになる。従来当然とされていたことを変更すること，いわばルールの変更を提案するこれらの試みは，①国連の活動，②審議会等を中心とする政府の動き，③男女共同参画社会基本法の成立，の三つからまとめることができる。

1）　国連の活動

　1990年代に入るとまずは国連レベルにおいて，無償労働の評価，社会保障の見直しが検討されはじめた。無償労働の評価については，1991年の第10回女性差別撤廃委員会において，「女性の無報酬の家事労働の測定及び計量化，それをGNPにおいて承認すること」の勧告が採決された。国連女性の10年のなかでも，女性の支払われない労働に対しての研究活動が，INSTRAW（国連女性の地位向上のための調査訓練研究所）を中心として進められた。社会保障の見直しについては，ILOで1994年に社会保障・社会的保護の男女均等待遇に対する専門家会議が開かれ，社会保障分野での均等待遇の条約づくりが検討された。また，1995年の北京女性会議においては，行動綱領に「女性は相変わらず，子どもや高齢者の世話，家族の食事の準備，環境の保護，並びに弱い立場や障害を持つ個人及びグループを支援するボランティア活動のような家庭内及び地域社会の無償労働の大部分を担っている。この労働は数量的に測定されないことが多く，国民経済計算の中で評価されない」と明記し，取るべき行動として，「女性に対する既存のいかなる偏向をも撤廃するために，国民所得，相続税及び社会保障制度の見直しを行うこと」と明記された。国連が先行して行

ったこのような動きは，各国に波及した。

2） 審議会等を中心とする政府の動き

　国連が主導したこれらの動きを受けて，国内の審議会でも見直しの検討が始められた。まず特筆すべきことは，社会保障制度審議会の勧告であろう。1995年に社会保障制度審議会は，今までの社会保障制度見直しの総まとめとして，33年ぶりに「社会保障体系の再構築——安心して暮らせる21世紀の社会を目指して」と題する勧告を内閣総理大臣に提出した。同「勧告」は，「社会的激変が展開し進行しようとしている20世紀末の状況を見据え，21世紀の社会保障のあるべき姿を構想し，今後わが国社会保障体制の進むべき途を提示したもの」と位置づけ，「安心して暮らせる福祉社会であるためには，経済・社会の急速な変化に対応した社会保障体制を再構築する必要がある」として，社会保障の原則として，普遍性・公平性・総合性・権利性・有効性の五つをあげた。そして公平性のなかで，男女間の格差が存在すること，これを正す必要があることに言及した。また，社会保障の費用を考える場合の国民負担として，租税負担と社会保障の財源だけでなく，家族による扶養や介護，育児などの家族の無払い労働を重要な構成要素として明記した。具体的な政策としては，①社会保障制度を世帯単位中心から，できるものについては個人単位に切り替えることが望ましい，②国民年金制度の第3号被保険者や税制上の配偶者控除の制度を中立になるように見直すと，従来の社会保障制度の大幅な検討を勧告した。同勧告は，ジェンダーの視点から見ると従来になく踏み込んだ勧告として評価できよう。

　また，内閣総理大臣の諮問機関である男女共同参画審議会は1996年7月30日に，約2年間の審議の結果を答申した。そのなかで，「性別による偏りのない社会システムの構築」の項で，①性別による偏りにつながる制度・慣行の見直し・検討が必要とし，具体的には，配偶者に係わる税制，社会保障制度の検討・見直しをあげた。②男女が共に有償労働と無償労働をバランスよく担える社会制度の構築として，無償労働の計量化手法の調査研究をあげている。この

ように同答申は，前年に行われた北京女性会議の行動綱領を引き継いでいる。

　社会保障だけではなく税制もまた，性別役割分業を支える役割を果たしている。夫が配偶者控除や配偶者特別控除を受けることができるように，妻が一定額以上に賃金が上がらないように働き方を調節することを奨励する税制度となっているからである。妻がパートで働き，その年収が100万円以下であると，給与所得控除額（最低65万円）を差し引いた残額が基礎控除（35万円）以下となるので，所得税はかからない。そして夫は，配偶者控除（一律に35万円）を受けることができる。そして多くの場合，企業独自の扶養手当を受けられる。収入が少し増えると世帯としては減収となることを防ぐため，1987年に配偶者特別控除が新設された。このため，パート労働に出た多くの妻たちは，収入が100万円を越えないように働き方を調整する。結局，配偶者控除も配偶者特別控除も女性の賃金についてふたをし，女性をパート労働者として固定化させる役割を果たしている。雇う側には低賃金の大義名分となり，社会保険料の企業負担分も免れる。

　このような性別役割分業を維持し，女性の働き方を二極に分離させる役割を果たす所得税の配偶者控除を撤廃し，世帯単位になっている現行の給与，税制等を個人重視に移行させることが検討されはじめた。首相の諮問機関である経済審議会の行動計画委員会金融ワーキンググループが，1996年10月17日にまとめた構造改革案のなかで提言を行った。[14]

3)　男女共同参画社会基本法の成立

　1990年代末になると，男女平等社会への志向は政府において目指すべき目標のひとつになった。このような風向きのなかで，首相の諮問機関である男女共同参画審議会が1998年末に男女共同参画社会基本法の制定を提言する答申を行い，1999年6月に同基本法が成立し，施行された。そもそも基本法とは，憲法と個別法の中間にあたり，国が目指すべき男女共同参画社会の形成に関しての基本理念を示したものである。男女が個人として能力を発揮する機会が確保されること，性別による固定的な役割分担等を反映している制度または慣行の影

響を配慮すること，子の養育，家族の介護その他の家庭生活における活動についても男女で協力して行うこと等を定め，国，地方公共団体，国民の責務を明らかにし，国に対して男女共同参画社会を総合的かつ計画的に推進することを義務づけている。

　基本法が制定された背景には，国際的な後押しがあった。このような法を制定することは，1979年に国連で採択された「女性差別撤廃条約」の第2条（ｂ）に明記されているし，1995年に北京で開かれた世界女性会議で採択された行動綱領にも示されたからである。女性差別撤廃条約の批准からはじまったこのような趨勢が，基本法の成立・施行によってやっと形をとったこととなった。男女共同参画社会基本法は，より明瞭な「性差別禁止法」でなければならない，またより具体的な差別禁止規定を盛り込むべきであったという批判はあるものの，基本法が成立し施行されたことは，税制・年金など女性の活動や生活に大きな影響を与えるものについて，男女共同参画社会の形成という観点からも広く議論される契機となることが期待される。

　以上のような新たな展開が，果たして早期に政策に反映されて，具体的に実現するかどうかは今のところ不明である。例えば年金については5年ごとに見直しがされることになっており，1999年は年金改正の年であった。政府の年金改革案ではサラリーマンの妻（国民年金3号被保険者）の保険料無払い問題については検討課題となったものの，結論が出ずに先送りとなった。新たな展開が政策として実現される間のタイムラグは，まだまだ大きいといわざるをえない。

　しかし，高齢社会の到来や少子社会の出現という，ジェンダーに深く関わる社会の変化は，政策や制度の転換を早急に必要としている。そのような社会の変化の影響を最も早く，かつ深刻に受けざるをえない社会福祉の領域では，一層必要とされている。迫り来る超高齢社会や少子社会が真に男女平等の方向へと向かうためには，フェミニズムがより一層エンパワーすることが必要とされている。社会福祉の困難を共有するために，社会福祉が学際的な自由な議論の場として，社会福祉の内外にひらかれていかなければならない。

注
(1) このような価値観が強固であり，いかに社会福祉のなかで実現されるかについての例として，介護保険の見直し論議のなかで出た亀井静香の「美風」発言をあげておこう。家族の介護をするという「美風」を維持するために，外部の介護サービスを利用せずに重度の高齢者の介護をしている住民税非課税の低所得世帯に，介護保険の枠外で慰労金を支給するという決定のことである。ちなみにこの慰労金とは年間10万円程度であるが，もし介護保険で外部の介護サービスを利用すると年間250万円程度かかると試算されるので，「美風」とはかなり安上がりなことになる。
(2) ここで使用した「ジェンダー・エシックス」とは，私の造語である。エシックスとは，倫理あるいは道徳，慣習を含んだ「判断」を意味し，「ジェンダー・エシックス」とは，ジェンダーから派生するエシックス，ジェンダーに基づく社会規範を固定化することに働く倫理，つまりフェミニズムの立場からする「負の倫理」のことである。蛇足であるが，本論を執筆中に「非倫理でなく負の倫理というものがある」という紛らわしい記述を見つけたので，説明を加えておく。上記の記述は小林よしのりのもので（『新ゴーマニズム宣言第5巻』小学館，1998年），第二次大戦中の慰安所の役割と「慰安婦」の存在を肯定するなかで，「(慰安所という制度は)人権やフェミニズムといった観念が発達してしまった今の感覚から見れば，それは『非倫理的』なことのように見えるかもしれない。(中略)慰安所という制度は当時は戦場での性犯罪の防止策としてとられた処置であり，いうならば日本軍は『今とは別の倫理』を発動したのである。性犯罪を防ぐためのやむなき知恵，それは，今この豊かな平和時であってさえ黙認されている『負の倫理』である」として，負の倫理とは，人間の本来性につきまとう悪を許容すること，いわば必要悪として捉えている。むろん私がここで取り上げる負の倫理とは，このようなものではないこと，必要悪として許容するものではなく，批判し克服するべき対象であることを断っておく。
(3) フェミニズムの立場から「倫理」を取り上げたものとして，以下のものをあげておく。
Holmes, Helen Bequaert & Laura M. Purdy (ed.) [1992] *Feminist Perspectives in Medical Ethics*, Indiana.
Willett, Cynthia [1995] *Maternal Ethics and Other Slave Moralities*, Routledge.
Bowden, Peta [1997] *Caring : Gender-Sensitive Ethics*, Routledge.
Walker, Margaret Urban [1998] *Moral Understandings : A Feminist Study in Ethics*, Routledge.
Sevenhuijsen, Selma [1998] *Citizenship and The Ethics of Care*, Routledge.
Koehn, Daryl [1998] *Rethinking Feminist Ethics : Care, trust and empathy*, Routledge.
The Feminist Review Collective (ed.) [1998] *Feminist Ethics and the Politics of Love*, Routledge.
Porter, Elisabeth [1999] *Feminist Perspectives on Ethics*.
永田えり子 [1997]『道徳派フェミニスト宣言』勁草書房

川本隆史［1997］『現代倫理学の冒険』創文社

シャーウィン，スーザン，岡田雅勝・服部健司・松岡悦子訳［1998］『もう患者でいるのはよそう——フェミニスト倫理とヘルスケア』勁草書房
(4)　「社会福祉と倫理」についての特集を組む研究誌が目につく。例えば,*Families in Society : The Journal of Contemporary Human Services*（Vol. 79, No. 3, 1998）は，〈Ethical Challenges in Social Work〉の特集であり，*Feminist Studies*（Vol. 24, No. 1, 1998）は，〈Welfare Justice〉の特集である。
(5)　ちなみに，（注4）にあげた〈Ethical Challenges in Social Work〉の特集にも，「レズビアンとゲイに対するモラルと倫理課題」，「10代の黒人女性に対するソーシャルワーク実践の価値についての課題」という論文が含まれている。
(6)　福祉国家とジェンダー研究の軌跡については，杉本貴代栄「福祉国家論の諸潮流」（『女性化する福祉社会』勁草書房，1997年，所収）を参照。
(7)　同上。
(8)　社会福祉のスティグマが「ジェンダー・エシックス」と結びついて女性の自立を妨げる例として，次のことをあげておこう。私たちが行った生活保護を受給している母子世帯の母への聞き取り調査のなかで，将来就きたい仕事として高度の専門職をあげた人はいなかった。これに反して，アメリカでの同様な聞き取り調査では，弁護士，ソーシャルワーカー，理学療法士と答えた人たちがいた。日本では生活保護を受給していること（したこと）は人生のなかのある時期の出来事ではなく，一生を規定する「一定の生き方」なのである。生活保護を受給した母子世帯の母が将来にわたって就ける仕事（就くべき仕事）とは，非専門職かまたは結婚することと考えられがちである。弁護士のような専門職に就くこと（つきたいと希望すること）は，はじめから選択肢に入っていない。日本のほうが社会福祉のスティグマと「ジェンダー・エシックス」が強く働き，女性の生き方の多様性を認めない，つまりやり直しのきかない人生として女性の生き方を規定している。杉本他著『日米のシングルマザーたち』（ミネルヴァ書房，1997年）参照。
(9)　日本の母子世帯の統計が資料によって異なっていること，統計の指標として「性」が抜けているためアメリカのシングルマザーとの比較が簡単ではないことについては，杉本他著『日米のシングルマザーたち』（ミネルヴァ書房，1997年）を参照のこと。以上の理由からここでは，厚生省児童家庭局「全国母子世帯等調査結果の概要」，厚生省「被保護者全国一斉調査」を参考にした。
(10)　しんぐるまざあず・ふぉーらむ編著［1994］『母子家庭にカンパイ！』（現代書館）のなかでは，児童扶養手当の受給に際して，男性との同居を疑われたケースがいくつも紹介されている。
(11)　総理府男女共同参画室「第4回世界女性会議及び関連事業報告書」1996年3月。
(12)　社会保障制度審議会「社会保障体制の再構築——安心して暮らせる21世紀の社会を目指して」1995年7月。
(13)　男女共同参画審議会「男女共同参画ビジョン——21世紀の新たな価値の創造」1996年7月30日。

⒁　『朝日新聞』1996年10月18日。
⒂　「男女共同参画社会基本法」（平成11年法律第78号）参照。また，「男女共同参画社会の実現を目指して──男女共同参画社会基本法のあらまし」（総理府男女共同参画室）のなかでは，第4条「社会における制度又は慣行についての配慮」の項の解説で，「男女共同参画社会の形成という観点からも，税制，年金など女性の活動や生活に大きな影響を与えるものについては，女性の社会進出，家族・就労形態の変化・多様化，諸外国の動向等を踏まえて，男女共同参画社会の形成という観点からも広く議論されることが期待される」と書かれている。このような理念に立脚する基本法は，税制，年金制度，夫婦で同じ姓を強いる民法のありかた等について，問題提起するよりどころとなるはずである。

第 1 部

ジェンダー・エシックスと理論

第2章 ジェンダー・エシックスの自覚から，シングル単位思想の獲得へ

伊田広行

1. ジェンダー・エシックスを意識する

エシックス（ethics）とは，狭義には「人のふみおこなわなければならない道」や「人間の行為の善悪の標準」という意味での「倫理」「道徳」であるが，それが特定の時代の特定の社会・集団の「共同幻想」であり，その社会・集団の維持のために各人に内面化させられた秩序であるとすれば，それを普遍的に正しいものとして扱うのでなく，相対化し疑ってかかることは当然であると同時に，その意味を「判断・評価・行為などにおける社会的・個人的な基準という意味での〈規範〉や〈思想〉のニュアンスも含んだ価値の体系」と広義に捉えることは許されよう。つまり本論で扱う「エシックス」とは，形（制度・明文）として明確に規定されているわけではないが，ある特定時代の私たちを取り巻き，私たちの行動や考えの底にあるもの，あるいは行動や考えの基礎，前提として存在している共同幻想的なものである。

ここにジェンダー視点をつなぎ合わせると，社会的文化的に作られたにすぎない「性別秩序（ジェンダー）」が，私たちの社会あるいは各人の内面において，「当然あらゆる人間が従うべき自然的絶対的普遍的な価値規範」のごとくに強力に存在しているということとなる。そうした性に関わる「エシックス」を「ジェンダー・エシックス」というとすれば，それは，「標準」という名で私たちが従うほかないように追いこんでいく社会的な性的強制力であるというだけでなく，そうありたい，そうあるべきだと自発的な欲求として私たちを内

面から「支配」する側面ももちあわせているものである。「ジェンダー」概念が，差別の神秘をはがして差別解消の展望（ジェンダー・フリー＝シングル単位化）まで含んだ概念とすれば，「ジェンダー・エシックス」概念も当然，その「エシックス」の非普遍性や差別性を暴くという文脈のなかにあるといえる。

　現代はもちろん，一方で社会的な規範の体系が崩壊しつつある混沌状態であるが，他方で，新しい秩序や新しい価値観がみえておらず，そのために教育・政治・経済・行政システムは古いまま存続しており，それに対応して旧態依然のジェンダー・エシックスが私たちを取り巻きつづけているという状況である。混乱すればするほど，脱出方途を求めて旧秩序を懐かしがる者は増えるため，かえって自己を公の規範に調和させるべきとする古いジェンダー・エシックスを意識する動きが強化されている面もある。

　したがって本論では，現存しているジェンダー・エシックスを「家族単位」概念を中心にして顕在化し，それと対抗的なシングル単位という〈思想〉を提起することで，日本の男女解放運動に少しでも寄与することを目標とする。後半では特にジェンダー・エシックスに無自覚な近代主義者の批判を通じて，私たちを取り巻く近代的「エシックス」の〈解体〉を目指したい。

　なお，この社会はおもに，法律や国家権力や政治や経済システムや教育制度などの明文化される「制度」の領域と，家族意識や恋愛意識や人間関係意識や常識や道徳や世間の目や性の規範など私たちの日常生活に直結した，明文化されていない「意識・規範」の2領域からなりたっているといえるが，民主勢力のこれまでの運動は，ともすれば勇ましい言葉に酔うことと比例するかのように表面的で，「制度」を部分改革するものでしかなかったことが多かった。規範や倫理（エシックス）を各人が，無意識のまま前提にしていたために，社会と自分の根本からの変革に繋がらなかった。左翼だ，労働運動だといっても，実は保守勢力とその価値基盤を同じくする近代主義の限界の枠内のものが多かった。とするならば，制度と意識・規範は，双方絡みあっていることを自覚しつつ，制度変革追求の運動は同時に，「エシックス」領域，パーソナルな領域における，社会基盤の変化を反映した改革運動でもあるべきことをはっきりと

強調することが必要といえるだろう。

2. 家族単位という規範を意識する

1） 家族単位というジェンダー・エシックス

　本節で私は，労働領域，国家領域，家庭領域という今の社会の3領域において，家族が共通単位となっているという視角での3領域の接合を顕在化させることを通じて，ジェンダー・エシックスの意味と影響を確認したいとおもう。

　一見，上記3領域は別々に存在しているように見える。しかし企業（賃金，人事，働き方，労務管理）でも，各法律・指針でも，社会保障制度でも，税制度でも，家庭でも，「家族（世帯）が最小の単位」ということになっており，それらは相互に関連・依存しあっている。「単位」とはそこからはじめるところの出発点であり，したがって人間ならば「家族という単位」を作らなくては出発点にさえたてないということになる。「単位＝1」でさえない存在があるだろうか。あってはならない，あるいはあるはずがないから，家族が単位なのである。ということは，人は，異性愛者として結婚し子どもをもつべきという強制があるのである。男は男らしく，女は女らしくして，相互にひかれ合い，補い合い補完しあって，性別分業をしなくてはならない。して当然である。女性が家事をせずに，働きつづけたりするのはよくない。籍を入れなかったり，離婚したり，子どもを産まなかったり，独身でありつづけたりしてはいけない。結婚したのに女性が夜に友人と会ったり，異性とデートするのはよくない。それは普通ではない。ましてや同性愛者であってはならない。以上を踏まえて「標準」が優遇され，「標準」でないものは差別されている。これらが目に見えないジェンダー・エシックスである。こういうことすべてが前提となって「家族が単位」という象徴的結語がなりたっている。それを以下，制度全体との絡みで簡単に確認しておこう。

　まず労働領域から。賃金は，男性個人の働きぶり，職務価値に対応したものではなく，彼に妻子がいることや男性が家族を養うのが当然という規範を前提

に，住宅費や教育費や老後用貯蓄を考えた「家族を養うための生活費」となっている。そのかわり，男性は妻に家事・育児・介護をやってもらって，自分は残業も出張もいとわない長時間労働者になることを義務付けられている。つまり男性は個人で雇われているのでなく，家族込みで雇われている。この裏返しが女性で，女性には養ってくれる男性がおり，家事育児役割があるということを前提に，低賃金・補助的・非出世的労働が割り振られている。いったん正社員をやめた女性には，再就職においてパートや派遣など非正規雇用（低賃金不安定雇用）しかないことも，同じく，女性は結婚して家事育児があるから，男性正社員並には働けないという規範と結びついている。つまり女性も家族単位という価値体系の上にのってしか働くことができないようになっている。

　家庭領域において，家族が単位ということは，家族は一心同体の愛の共同体という肯定的フレーズとしてまず浸透している。家族は「1」なのだからその中に利害の対立はなく，皆が共同体のために尽くすのは当たり前となっている。だが，家族は「1」だから収入労働をするのも一人でいいとなるために，一家の主である男性だけが収入を持つこととなり，夫婦の間に経済力格差が生じ，ひいては発言力の差や行動の自由の格差をもたらすことになる。また，秘密はあってはならない，他の人を好きになってはいけないという形で相手のプライバシーの侵害，過干渉，嫉妬の正当化が起こったり，一体である家族だから十分に説明しなかったり過剰に甘えたりしても理解し受け入れて当然として，対等な2者の間では問題となるような「過度の依存，甘え，干渉」が起こったりする。夫婦間の暴力（DV）や親による子どもへの虐待も，夫婦間親子間に相手の所有視があり，また世間が家族内にそんなことがあるはずがないと家族を愛と調和の領域と決め付け，かつ，それ以上は他人には踏み込めないプライベート聖域として家庭内のことに首を突っ込んではいけないとみなしているために起こる問題である。さらに家庭は「1」であるから，夫婦内の分業はあたかも個人の右手と左手の役割の差異のように「たいした問題ではない」とされる。女性だけが便所掃除をしていても，男性だけが収入労働の義務を負っていても，それらは「自分一人の中の問題」であって，「他者」「2者」の間の不平

等の問題ではないのである。

　最後に，国家・行政という公領域においても，以上の労働領域と家庭領域の家族単位規範を前提にその仕組みが作られており，またそれが企業内や家庭内の性分業を再生産・維持している。戸籍制度や憲法，民法で，異性愛家族が基本単位で，家族が相互扶養義務を負うことを規定し，それをベースにおいて各種政策が設計されている。例えば女性が家事・育児・介護を無償で行うことを組み込んで福祉システムが作られている。専業主婦の母がいると子どもを保育所に入れることはほとんどできず，家族で介護する者がいるとヘルパー派遣回数が少なくなったりする。民法の規定は，個人を個人として認識するというよりも，家族・血縁という特殊な範囲を規定することでそこに扶養義務を負わせるとともに，誰が財産を相続する権利があるかを明確にするようなルール体系であり，血縁家族を優遇するという家制度的な性質をもっている。親権も，子どもの立場から規定されているのでなく，親からの権利と義務の規定でしかなく，子どもに懲罰を与える懲戒権まで含まれている。家族は一体であり，子どもは親の所有物という性質があるのである。つまり法や国家諸制度は，家族のあるべき姿，性分業のあるべき姿を規範として組み込んでいる。

　以上，3領域の家族単位システムの内容を概観したが，これは，家族が単位ということ自体がジェンダー・エシックスでもあることを示しているといえよう。家族にまつわる観念や規範が，企業，国家，家庭の諸制度と密接に結びついており，まさにそれはジェンダーの問題なのである。したがって一見関係ないと思われるような，それでいて私たちの生活に深く関わっているような諸事象が，「家族単位」という切り口によって性差別や性秩序を含めて繋がって見えてくるのである。

　例えば，恋愛における「恋愛はいいもの，恋愛するのが当然，恋愛すると二人は一心同体，愛情関係は長く続いたほうがいい，セックスは愛の証，女は愛されるもの，男は愛するもの，他の人を好きになってはいけない」等々という意識は，家族単位の規範のまさに一部である。「結婚は素晴らしいもの，結婚して一人前，家庭は愛情ある領域，母性ある母親は愛の具現者，家事・育児な

どの無償労働は女性の素晴らしい役割，父性ある父親は権威の具現者，家族は特別の運命共同体，配偶者は自分のもの，子どもは親のもの，子どもは親に感謝すべし，離婚はよくない，二者排他的な関係であるべし」等々といった家族倫理・結婚規範は，すべての制度と繋がっている。そして，それは標準家族以外を差別する。多数派の規範から離れるような多様な個人の自己決定を軽視する。この家族関連の規範は，労働倫理にも直結している。「男はまじめにはたらけ，男は一家の大黒柱であるべきで，家族を養う責任がある」という規範は，「職場で女は補助的位置でいい，保護の対象である，女性は性的な存在でさえあればいい，女性が職場で男並に働くのはうっとうしく女性らしくない」ということと表裏一体である。

　結局，「私たち家族でしょ」，「あなたは女性/男性でしょ」という強制，相手を関係にいれこんで役割を押し付けることの傲慢さと抑圧性が，社会的個人的に自覚されていないようなことが問題なのである。複数の人間集団を「単位」とするような，男女二分法にもとづくジェンダー・エシックスという時代限定的バイアスが自覚されていないところに，「家族単位社会の根本問題」がある。

2）　日本社会は家族単位型の「企業統合社会＋未熟な福祉国家」

　以上を福祉国家の類型の観点からまとめよう。日本は，男女平等を基準として見たときに，社会保障が進まずにその代替としての女性の無償労働が温存され，かつ女性の職場進出が進んでいない，性分業を根強く組み込んだ国，「小さく未熟な福祉国家」だということができる。各拙著で示したように，政策体系として，女性が働くのが当たり前というのでなく，妻に家事育児などを任せきって長時間労働を当たり前とする男性をベースに「女性が働きにくい職場環境」を作り，女性を家庭に囲い込み，社会保障充実の要求を抑え込ませ，その代わり主婦層に一定の恩恵を与え，他方で女性役割と両立させる形で働く女性を非正規労働者として低賃金で利用し，トータルで企業と国家の効率性を高めるという家族単位の社会なのである。貧弱な社会保障制度は，国民を企業にしがみつかせる。年功賃金制度は，福祉国家の諸制度のかわりに，各企業ごとに

賃金を通して代替する制度なのである。現在の性差別存続の根本原因はここにある。

　これは，木下武男，二宮厚美，後藤道夫，渡辺治氏らが，日本社会を「強力な企業社会プラス未熟な福祉国家のブロック」という形で捉える見方と，軌を一にしている（渡辺・後藤編［1997］各論）。「未熟な社会保障」は，「強力な企業社会」とペアになったものであり，両者は相互補完関係にある。その接合点が「家族単位」であるので，日本は，「家族単位型の小さな福祉国家」と規定できよう。

　この家族単位制度は，男性を会社人間にしむけ，女性の無償労働によって社会保障費も節約できるという意味で，高度経済成長期を中心とした「近代化」の時代には効率的なものであった。だがそれは言い換えれば，日本で常識と化している「家族単位」の制度と規範は，実は，高度成長期に隆盛を極めただけの一時的なシステムでしかないということでもある。家族や労働における規範・常識は，根深くジェンダー・エシックスの刻印を帯びており，それを自覚していない範囲では「強力で永遠普遍の真理」にみえたが，取り巻く環境の変化は，そのバイアスと時代限定性を照らし出さざるをえない。

　この日本型の福祉国家は，北欧にみられる男女平等・個人単位型の社会民主主義的福祉国家や，北米にみられる市場原理中心・低福祉の自由主義型福祉国家，ドイツ・オランダなどの福祉は進んでいるが女性進出が中程度の保守主義型福祉国家とも異なる，第4の類型である。「先進国はどこも同じようなもの」という無知によって，自国の政策体系の偏りやジェンダー・エシックスの偏りに無自覚とすれば，それは性差別解消の展望をもてないことに繋がるであろうし，そうした各国比較を通じて具体的政策を提起しないことは怠惰である。(5)

3．シングル単位という価値観体系を提起する

1）　「シングル単位論」の基本の考えと制度

　近代化（高度成長期）のときには都合よかった日本の家族単位システムも，

第2章　ジェンダー・エシックスの自覚から，シングル単位思想の獲得へ

経済成長が行き詰まり，社会が成熟化し，少子高齢化が進み，個人の欲求水準が向上し，自立意識や多様な生き方の尊重の気運が高まる中で，社会にさまざまなひずみをもたらしはじめており，実態とも大幅にずれつつある。そのために，「近代化」のときのそうした共同体幻想を解体して，最小の単位である「個人」の自己決定と選択多様性を重視しようとする根源的思考が，わずかではあるが出現し始めている。近代社会での「個人」という概念には，個人主義だとか，男女というジェンダー区分を前提にした近代二分法のニュアンスがあるので，私はそうした近代的限界を超える「個」のあり方を実践する人間を〈シングル〉と呼んでいる。そんな〈シングル〉人間を単位として考えると，社会（制度）と意識（規範）のありかたは根本から変わってこざるをえない。

　シングル単位論は，共同体の中での「弱者」の保護でなく，当事者主体，自己決定重視の考え方である。家族という「男女異性愛近代性別秩序を前提とした共同体的組織」を社会の基礎単位（標準）とし，それを作って当然，作らない者は不利益があってもよいとすることの〈無理〉を自覚し，近代の性別秩序（標準）から離れた者/離れたい者もそうでない者も，とりあえずニュートラルに扱われるように，「多様性を前提とした個人」を社会の基礎単位にしようというのが，シングル単位論である。ジェンダー・フリー概念は，シングル単位論として具体化されなければならない。簡単に言えば，結婚しなくてもいいよ，子どもを産まなくてもいいよ，働きつづけてもいいよ，同性愛も離婚も事実婚も差別されるのはおかしいよというように，多様な個人の生き方を認めあおうとするものである。夫婦は相手に役割を期待したり片務的な役割分担になるのでなく，各人が自分で収入労働も家事も育児もして，双方がおいしいところといやなところを平等に分けあうことになる。そして，そのためには，家族がもっていた相互扶養や養育の機能を社会全体で担うように，家族の枠を超えて支えあう新しい連帯の社会，高度な福祉国家にしようと考えるものである。

2）　シングル単位はジェンダー規範の解体をめざす

　本章―1で述べた「制度と規範という社会の2領域」の両方における変革の

展望を扱うのがシングル単位論である。これは，隠されていたジェンダー・エシックス自体を問題とし，無意識の水準における〈革命〉まで射程に入れようとする，遠大な構想である。

意識・規範の領域は，「身体性の領域」ともいえる。そこにはカネ，名誉，肩書き，噂，世間の目などが絡んでいる。論理・理想・理性とは異なるエネルギーが渦巻いている。すごいエネルギーが結婚，恋愛，性役割，儀式，あるべき秩序に使われている。皆がそれを目指して右往左往している。そこが社会矛盾のエネルギーを吸い取っている。したがってそうした領域での改革までシングル単位論は扱う。相手を所有視しない，相手を「他者」と認める，そうした視点で従来の恋人関係や夫婦・親子関係の常識，制度の前提たるジェンダー・エシックスを根本的に変えていくことを提唱するのである。

制度・政策が実は重要であるが，そこを変えていく運動は同時に，規範の領域の改革をも含まなくてはならない。社会の仕組みの上のほうだけをいじるのでなく，生活の場所，社会の地べたの方の権力関係から見つめなおそうと考えるのがシングル単位論である。男女関係，家族関係，性，セクシャリティ，エロスというもっとも身近なところの力を利用し，逆手にとって社会構造の改革も考えていこうとする。[6]

この点を少し別の角度から言い換えれば，狭義の制度改革論は合理主義の思想であるが，合理主義ですべてが解決されるわけではない。合理主義についていけない人がいるし，人は理屈だけでは変わらないという側面もある。そうした現実を踏まえて，規範や意識の領域を扱おうとするのがシングル単位論である。

私たちは，あまりにも，戦後日本の「貧しい時代」の「食えればいい」というレベルでの発想に取りつかれすぎているのではないだろうか。時代が変化しているにもかかわらず，前の世代の仕組みや規範をあまりにも当然のこととして従順に受け入れすぎてはいないだろうか。古い時代の水準で考えていることは怠惰でしかない。時代の変化にもかかわらず，古い処方箋や古いマニュアルを若い世代に教えているとすれば，それは世代的犯罪でしかない。私たちはそ

こを意識し，新しい水準（時代）に見合った規範と制度を作っていかねばならない。そのためには，前の時代の隠された規範，ジェンダー・エシックスを見ぬき，相対化し，そこから自由にならねばならない。古い規範を解体し，新しい考え方を創造し提起していかねばならない。

しかしそれは，〈自由〉が私たちの前に開かれているということでもある。新しい世代に伝えるべきは，「上からの解答」としての「秩序に寄生するマニュアル」「行動の指針としての道徳や伝統」ではなく，環境変化の中でサバイバルする力としての〈柔軟な思考力〉であり，21世紀的価値としての〈規範からの自由〉〈創造する自由〉の素晴らしさである。

例えば，二者排他的な結婚や恋愛という枠組みにとらわれていない分，新しい親密な関係は，相手を好きだと思う気持ち，その時の会話やセックスやその他の関係行為自体が楽しい，嬉しいと思えること，相手の自由を尊重し相手に感謝する気持ち，等々によってしかその瞬間もその存続もありえない関係となる。つまり〈制度や規範〉から離れているからこそ，その瞬間その時の関係の創造という快楽を味わえるのであり，関係の質自体に注意が向きつづけるのである。シングル単位論は，家族は仲良くして当然，子どもは親に従うべき，女は母性的存在であるべき，男は父性的存在であるべきとか，離婚は子どもによくないとか，老後が寂しいとか，結婚するべきであるとか，愛しあい続けて当然，浮気はよくない（二者排他的関係であるべき），愛し合う二人に秘密はいけないなどといった規範・倫理を根源的に批判し，私がぴちぴちと生きていくための〈自由〉の基礎を与えてくれる思想なのである。ジェンダー・エシックスから自由になろうとする人間がシングル単位人間である。

4．ジェンダー・エシックスを自覚しない近代主義者を批判する

1）　**厚生省育児ポスターを批判する保守主義者たちの論理**

1999年春の厚生省育児対策ポスター「育児をしない男を，父とは呼ばない」について，自由党藤井裕久幹事長は，「国が家庭の問題に介入するのか」，「家

庭のあり方は、おのおのの家庭内で夫婦が話し合って決めるべきものであり、これを固定的に考えるべきものではない」といい、自由党井上喜一代議士も「家事や育児をないがしろにしている母親が多い。そんな風潮を助長し、女性活動家みたいな連中を勢いづかせるだけだ。各家庭に事情があり、国が立ち入るべきじゃない」といった。

　ここに、ジェンダー秩序を積極的に改変していこうとしない者たちの発想が示されている。男女差別は直接的に「女は馬鹿だから差別されてもいい」などという形で出てくるのではない。「男女関係を固定的に考えるべきではない」、「男女の分業は夫婦の問題であり、外部のものがとやかく言うものではない」という形で、事実上、旧来のジェンダー秩序・規範を維持する形で、すなわち積極的にジェンダー秩序・規範をみなおすことを妨げる形で出てくるのである。ではどういう形で「みなおしを妨げる」のかというと、「家庭内に外部のものが介入するな」という言い方で、家庭を美化した上で「家庭」という枠内に他者の視点、人権の視点を入れないようにするのである。家庭が「均一空間で内部」だからこそ、家庭外の人が「他人」になるという発想そのものに、男女の分業が当然でその両者が結合して「1単位」になることは「自然」というジェンダー・エシックスがある。

　一般的には「国家権力や他の権力ある者が何かを押し付けること」を拒否していくことは各人の自由の尊重の観点からして当然である。しかし、各人が決定していく環境（外部）が差別的な構造にあるとき、その構造を変えていかなくては各人の「決定」には構造からの強制が関わる。また、家庭内夫婦内が話し合うと言うが、そこにも構造的な差別環境が反映する（ひと言で言うと家族単位の諸制度が影響する）。したがってその構造の変革に積極的に言及せずに、厚生省のポスターへの文句という文脈において「固定的にするな」とか「夫婦の自由だ」というのは、差別秩序の温存を求めていることでしかない。

　さらに、「家庭内の決定、夫婦の話し合い」と言うが、夫婦間の権力関係があるとき、話し合いと言ってもそれは対等なものではない。そもそも「外部は口出しするな」というが、例えば個人の観点から言うと、妻にとっては夫も

第2章　ジェンダー・エシックスの自覚から，シングル単位思想の獲得へ

「外部」のひとつである。妻が夫と必ずしも意見が一致するわけではないし，意見が一致しなくてはならないというものでもない。「夫婦の問題」というが，その前に各人個人の問題である。家族は「他者」のいない均一空間，すなわち一心同体でそれ以上分けられない「単位」ではない。しかし，保守主義者はそこを自分の信じる倫理・規範で「単位のような対立のない共同体的空間」と決めつける。

　何を言いたいかというと，このようにみることで，「夫婦は一体で意見が一致するもの」という前提自体をみなおすというシングル単位観点と，上記の家族単位観点との対抗関係が明確になるということである。「夫婦で話し合って当然」なら，「ある家庭とその外部」も話し合って当然だし，その対話のひとつがポスターであり，「女性活動家」の意見なのである。また，「おしつけ」を拒否するならば，夫の思い込みを拒否する権利も妻にあるわけで，その結果，夫婦で意見が合わないという場合もあることを考慮に入れるならば，個人を単位にして，育児も個人単位ですると言うことこそ，最も本質的な対案なのである。厚生省ポスターは，——厚生省官僚自身がそこまで気づいていないとしても——「夫婦のどちらかが育児をすればいいという家族単位の育児観」を，「育児は夫婦各人が個人を単位として当然すべきもの」に変えていこうとする革命的な構造変革の一端なのである。こうしたポスターをめぐる見解の対抗によって，対抗軸は明確に浮かび上がりつつある。

　結論。ジェンダー・エシックスというバイアスを意識せずに，自分の価値観（古い性秩序）を普遍的に正しいと決めつける近代主義者が，「家庭に口出しするな」という美名の下に，性差別ある秩序を守ろうとしている。「家庭/家族の単位視」というものを見なおす必要は明らかである。ジェンダー秩序（男女異性愛による男女役割・結婚を当然とする秩序）に対しての中立はない。それを変えようとするか，維持するかである。現状が差別秩序であるときに，「口出しするな」の名のもとに，あえて変えていこうとする動きに異議を唱えることは，現行秩序を維持しようとしているのである。その時の最後の砦は「家庭というプライベート領域に入るな」である。したがって「家庭内に外部の者が口

出しするな」という家族単位発想と対抗して，家庭という集団の壁を超えて，個人の権利の観点からプライベート領域も含めて秩序を解体・再編成していくことこそが，ジェンダー秩序と戦うときの鍵である。つまり，家族単位の発想に対して，シングル単位の発想を対置すること，その観点でシステムと規範の変革を提起することこそ，もっとも本質的な戦略見取り図である。シングル単位という切り口の革命性を自覚しないならば，既存のジェンダー秩序と有効に闘うことはできないであろう。ましてや今日において，旧態依然と家族を単位としてその外部との闘いを捉えることや，シングル単位政策を積極的に提起しないことは，大きな間違いである。

2）「単位」の意味を理解できない近代主義者

　旧来の家族観，男女観をベースにした秩序を信じている人，それを前提に個人が従来の役割から外れることを許そうとしない人がまだまだ多い。家族の諸問題に「父性と母性の復権」で対処できるなんてアナクロな考えを主張する人までいる。そのひとりである林道義氏はその著書『フェミニズムの害毒』（林［1999］）において，「家族単位を守れ」と主張する。彼の言い分には，自分のジェンダー・エシックスの相対化がまったくできていないという近代主義的特徴が如実であるので，ここでその一部を取り上げておきたい。[7]

　林氏は，女性に「母性」が，男性に「父性」があるということを勝手に前提にしている本質主義者であり，そのことに一片の反省もしようとしていないという意味で，ジェンダー・エシックスについても相対化できずに無自覚である。そのためシングル単位論がまったく理解できておらず，誤読を繰り返して以下のような混乱した記述をしてしまう。

　　「家族単位も個人単位も，両方ともに必要である」（林［1999］：125）
　　「彼（伊田のこと…筆者注）は家族の中には差別という悪いものしかないとさんざん言ってきて，急に『連帯』といういいものがあると言いだす。…誰でも10円玉も1円玉も単位だと考えている。同じように，家族を単位

と考える人で，家族だけが単位だと言いはる人など皆無であろう。『家族も単位だが個人も単位だ』と言うであろう」（林［1999］：115-6）

「社会の単位を個人だけにしたら家族（世帯）を単位にしたい人たちを差別することになるであろう。」（林［1999］：123）

「個の自立ではなく，夫婦単位で自立していたと言っていい。夫婦の関係は完全に対等であった」（林［1999］：267）

　これは，私が用いている「家族単位／シングル単位」という概念を理解できていない反応である。しかしここは巷にあふれるジェンダー・エシックスに関わる重要な点であるので，少し批判しておこう。

　まず，彼は通俗的に「家族が大事」と考えているために，「家族単位」を批判する伊田の説を，「家族の中にある愛情や思いやりや支えあいの気持ち・関係の全面否定」とかってに読み違えている。「家族」と「家族単位（制度）」の区別ができていないのである。伊田のシングル単位論は，家族内の各人の人格と自己決定を尊重した上での「愛情」感情を肯定的に捉えている。しかし，それがともすれば「自分の家族にだけ向くもの」と混同されがちであるために，なぜそれを家族外の人には向けないのかという問題を提起して，家族の内側と外側の絶対的な壁の無根拠さを考察し，家族（近代家族）という幻想にとらわれて自分たちの積極的なエネルギーをエゴイスト的に自分の家族内だけに限定することを批判している。そして議論は，どのような社会にするのか――北欧型の福祉国家――ということを念頭において論じられている。

　したがって，林氏がすべきことは誤読の上の伊田批判ではなく，自分の思想の家族優位主義がエゴイズムでないのか否かの真摯な検討であり，もし彼が，個人単位型の北欧型福祉国家への制度改革に賛成するならば，私と意見は一致しているのである。言葉をもてあそぶのが学者の悪いところであるが，正体は「だからどうなのか」という結論に浮かび上がる。林氏は，北欧のように女性も働くのが当然とした上で，育児を男女両性が担えるように社会的に担うことに反対するのだろうか（著作を読んでいる限りそのようである）。もしそうな

ら，そのこと自体の是非を男女平等や子どもの成長に関わらしめて論じるべきで，「家族の否定」というレッテルを貼るのはお門違いである。スウェーデンでは，家族内の愛情は重要視されており，林氏がいうように「働けイデオロギー」があるから家族（的関係）が崩壊するなどという事実はないのである。

　次に，彼は「単位」の意味を理解しようとしていない。拙著を読んだ上で，どうしていったい「10円玉も1円玉も単位だ」「家族も単位だが個人も単位だ」などといえるのだろうか。10円が単位の社会なら，この世の中には「10円」の倍数しか存在しないというのが「単位」の意味である。最低額が「10円」であって，計算も支払いも10円以下では行われない。4円のものも12円のものもなく，10円か20円か，それ以上か，いずれにせよ10円ごとにしか計算されない社会なのである。1円が単位なら，10円は単位ではない。つまりこのような自明の理屈を考えようともせず，ただ「私はもちろん個人も大事とおもっているが，家族も大事だとおもっているので，伊田を批判したい」という観念だけで，「家族も単位だが個人も単位だ」と口走っているだけなのであろう。

　林氏のような方にどういえば考えてもらえるかわからないが，賢明な読者には，本稿2節で述べたような家族単位システム——例えば「年収の少ないある女性が学生や自営業なら自分で年金保険料を支払わなくてはならないが，サラリーマンの夫がいれば保険料が免除されるということ」は，家族単位の制度設計であって，個人単位の制度ではないということがわかってもらえるだろう。つまり，「10円単位」と「1円単位」が両立しないように，家族単位と個人単位は両立しない。「夫婦二人のうち一人が稼げばいいという発想」と「愛し合う二人でも自分の食い扶持は自分で稼ぐという発想」は，異なったものである。私はそこのジェンダー・エシックスという無意識を顕在化させる議論をしている。そして林氏は家族単位を自明としているために，個人が単位ということが想像できず，上記引用のような矛盾を述べてしまうのである。ここでも抽象論議ではなく，北欧のような，税制度の個人単位化，両性に対する育児休業制度の実質保障（賃金8割保障），社会保障の普遍主義化，離婚の自由化，慰謝料廃止，同性愛者の権利擁護，事実婚擁護，夫婦間・親子間の暴力禁止，婚外子

第2章　ジェンダー・エシックスの自覚から，シングル単位思想の獲得へ

差別禁止を求めるか否か等などというように，具体的に考えて欲しい。そうした制度に反対か賛成かが，家族単位か個人単位かなのであり，そこを考えもせず，近代的価値観を普遍的真実と思いこんで自分の主観（自分のもっているエシックス）だけを無反省的にくりかえすところに，近代主義者・林氏の欠陥がある。

おわりに

　本論では，現在の私たちを取り巻いているジェンダー・エシックスを，家族単位をキーワードに顕在化させ，その〈解体〉を提唱してきた。しかしただ解体すればいいと述べているわけではない。最小単位である多様な各個人の自由と自己決定を尊重しながらの，新しい社会的ルールを作っていかねばならないことはいうまでもない。だからこそ私は，各拙著で，時代変化を反映した，各人の自己決定と多様性を承認する共生のシステムとしての北欧型福祉国家の諸政策を提起してきた。それは個人レベルでは，古いジェンダー・エシックスに代わる「私の新しい価値観」を作っていく営みがいるということでもある。ただそれを再びマニュアル化して「新しい時代の規範」として提示することは避けねばならない。そのようなマニュアル的解答のおしつけで何とかなると思う共同体前提（価値共有）の時代の発想ではもはや無理というリアリズムから私は出発しているからである。つまり常に各人が多様な環境変化に柔軟に対応していくような個別的スタイルだけが未来性あるのであり，そのような能力の獲得は，当面，共同体的価値をおしつける古い近代主義と戦いながら各人が自分で創り出していくしかないのである。

　なお紙幅がないので簡単にしか言及できないが，私は近代主義を批判すると同時に，その逆の，たんにそれを相対化するだけでなにも生み出さないような，無為主義的ポストモダン論にも反対している（拙稿［1998b］［1999c］）。シングル単位論は，大きくはポストモダニズムの思想潮流に属するが，「終わりなき日常をただ強度をもってまったりと生きればいい」などという，事実上の現状肯

35

定論とはその立場を異にしている。社会的にも個人的にも，自分なりの高い価値を追求しつつ，シングル単位化という具体的改革をともなうスタイルこそが，私の提案したい生き方である。近代主義的ジェンダー・エシックスの解体のエネルギーは，無から生まれるのではなく，現存社会での矛盾や喜びや痛みに対するスピリチュアル（霊的）な姿勢から生まれるのである。

注
(1) 私は「ジェンダー・フリー」といいながら何ら根本的に突き詰めずに現状の性秩序を変えずにそこに接木するような「啓蒙的男女平等」のお題目を唱える言動を批判して，ジェンダー概念は，シングル単位化戦略（個人単位の福祉国家論）にまで展開されなくてはならないと主張してきた。拙著［1998a］［1998b］［1998c］［1999a］［1999b］［2000］を参照のこと。
(2) ここでいう近代主義とは，近代の価値観を普遍的に正しい真実と見て，時代状況の変化の中でポストモダニズムが出現しているにもかかわらず，あいかわらず近代の諸価値の見なおしをはじめないような思想や行動をいう。
(3) ここに，日本においてタテマエとホンネの分離，公的行動と私生活の分離が強化される基盤があった。
(4) 家族単位システムの問題の指摘と，その解決策としてのシングル単位型社会の提唱内容については，本論では詳しく論じる紙幅がない。各拙著，特に拙著［1998a］［1998b］［1995］［1999a］を参照のこと。
(5) 北［1997］，宮本［1997］，拙稿［1999a］［2000］などを参照のこと。
(6) 拙稿［1999c］［1998d］［1998e］は，セクシュアリティや売買春について，シングル単位論の立場から（端緒でしかないが）考察したものである。
(7) 彼の各著作には実証も統計もバランスある思考もなく，「こうあるべきだ」というきめつけのオンパレードだけがある。本論では林氏の主張を全面的には取り上げない。紙幅がないだけでなく，その支離滅裂さにすべてつきあう必要がないからであり，ある程度の批判は既に，彼の『主婦の復権』に関する文章（拙稿［1998d］）で論じているためである。ユング心理学と銘打って，自分の方の論理破綻には目を向けずに相手を一方的に非難する非科学的態度は，まともな心理学者，精神分析家にとっても迷惑なのではないのだろうか。その点についても拙稿［1998d］で少し触れたが，彼に自覚はないようである。

文献
林道義［1999］『フェミニズムの害毒』草思社
伊田広行［1995］『性差別と資本制』啓文社

―――――[1998a]『21世紀労働論――規制緩和へのジェンダー的対抗』青木書店
―――――[1998b]『シングル単位の社会論』世界思想社
―――――[1998c]『シングル単位の恋愛・家族論』世界思想社
―――――[1998d]「『主婦の復権』をめぐって：ジェンダーを誤解し家族単位思考に毒されている」,『論座』1998年8月号,朝日新聞社
―――――[1998e]「買売春問題への私の態度」,『女たちの21世紀』16号
―――――[1999a]「スウェーデンの男女平等（1）（2）」,『大阪経大論集』50-1, 2
―――――[1999b]「日本のパート労働の特徴とその劣悪状況の原因分析――欧州との比較および家族単位批判アプローチの観点から」,『大阪経大論集』49-5
―――――[1999c]「スピリチュアル・シングル――生き方と新しい社会運動の新しい原理を求めて」,『大阪経大論集』50-1-3
―――――[2000]「スウェーデンから学ぶもの――個人単位政策によって男女平等を達成した新福祉国家」,『女性労働研究』37号（2000年1月）
北明美［1997］「ジェンダー平等――家族政策と労働政策の接点」,岡沢憲芙・宮本太郎（編）『比較福祉国家論』法律文化社
宮本太郎［1997］「比較福祉国家の理論と現実」,岡沢・宮本（編）『比較福祉国家論』法律文化社
渡辺治・後藤道夫（編）［1997］『講座現代日本4　日本社会の対抗と構想』大月書店

第3章　日本社会の母性観とその形成過程

大日向雅美

はじめに

　日本社会には日常的に母親の愛情の重要性や母子関係の意義を強調する風潮が根強く存在している。こうした日本社会の特徴を表す例として，女性の就労率を描くカーブが20代後半から40代初めの間が底となるM字型の傾向を示すことがあげられる。この就労曲線は出産・育児期にあたる女性が家庭に入って育児に専念している実態を示す曲線であるが，その背景には「女性は生来的に育児の適性を有しており，乳幼児期の育児は母親が家庭で専念するのが子どものために最も望ましい」とする母性観の影響が強く存在していることを指摘できる。こうした母性観は，「男は仕事，女は家庭」という性別役割分業を支持する根拠となったものであり，またこの考え方の影響が強く行き渡っていたので，女性が仕事と家庭とを両立することができるよう支援する体制を整備する施策を遅らせる原因となった。一方，保育所はこの少子化時代を迎えて，現在でもなお０歳から１歳児の入所待機を増加させているのが実態である。中でも乳幼児期の育児は母親が専念するのが望ましいとする母性観を理由として，０歳児保育の整備は特段の遅れが目立っている。

　こうした中，21世紀の日本社会のあり方を示す法案として，1999年６月には男女共同参画社会基本法が成立した。生物学的な性差にとらわれずに，男女が家庭，地域，職場に対等に参画する意義と必要性を指摘した基本法は，その前文に，男女共同参画の理念の実現は21世紀の日本社会にとって最重要課題であ

ると記している。しかし，育児は女性の生来的な適性であって，母親の手で育てるのが子どもにとっても最善の生育環境であるという母性観が抜本的に再検討されない限り，男女共同参画型社会の理念の実現も遠いといわざるを得ない。

本論は従来の母性観がもたらす弊害を指摘するものであるが，一方で乳幼児が温かな慈愛に包まれて成長する大切さを否定するものではない。逆に育児の重要性をいっそう強く認識するがゆえに，単純に産む性である女性であれば育児においても万全の能力を発揮できるはずだという従来の母性観が，矛盾を孕んだものであることを明らかにしなければならないと考える。育児ストレスに悩む母親の急増など，育児に困難を訴える昨今の母親たちの行動は，まさに従来の母性観の弊害を示すものに他ならないと考えるからである。

今日の母親が直面している育児困難は，通常指摘されるような現代女性の「母性喪失」が原因ではない。そもそも女性は生来的に育児の適性に恵まれているという母性観は，実は近代以降の社会的要請に即して作られた理念であり，もはや今日の社会情勢や女性のライフスタイルと合致するところが少なく，生活実態との間で齟齬を大きくしているとみる視点が必要である。今日および今後の社会に即した子育ての理念を模索するためにも，本論では従来の母性観が形成されてきた過程を振り返り，それがけっして普遍的絶対的なものではないことを明らかにしたいと考える。

1. 曖昧な母性概念

そもそも母性とは何を指すのであろうか。母性という言葉は日常的に広く用いられていながら，その意味するところは用いる人や領域によって極めてあいまいな概念である。例えば『広辞苑』では母性とは「女性が母として持っている性質。また，母たるもの」とあり，母性愛は「母親が持つ，子に対する先天的・本能的な愛情」と記されている。そこには，母としての性質や愛情の質が具体的にいかなるものかについての規定はなく，ただ女性であれば誰もが子どもに対して持ちうる生得的なものとされているに過ぎない。

一方，医学や保健衛生等の領域で用いられる母性は，狭義ながらも明確な定義が可能である。すなわち妊娠・分娩・哺乳という子どもを産む過程で女性が所持している生理的・身体的な特徴を指して用いられている。しかし，こうした生殖過程に関する女性特有の生物学的，身体的な特性が，果たして子どもが生まれた後の長期に亘る育児の適性と関連性を持つか否かは，必ずしも十分な検証がなされていない。むしろ，母親にみられる育児ストレスや虐待等の現象が頻発しているという事実は，産む能力が必ずしも育てる適性を保障しないことを示しているといえる。こうした視点を欠いて，生殖過程に関して女性が所持している能力を直ちに育児の適性に結びつけて論じる傾向が強く，育児をもっぱら女性一人に集中して託す根拠とされてきたのは，反省されなければならないと考える。

2．従来の母性観では対処しきれなくなった子育ての現実

　従来の母性観に従えば，母親は子育てにあたっては生来的な適性を発揮し，お腹を痛めたわが子の養育に無上の喜びを見いだすはずである。しかし，育児中の母親の意識調査を実施してみると，そうした母性観とは裏腹に，今日では子育てをしながら苛立ちを抑えることのできない母親が大勢を占めている。
　乳幼児を持つ母親約6,000名を対象に実施した全国調査では，「子育てが辛い。子どもを可愛く思えないことがある」と回答した母親が8割から9割を占めている（大日向［1999］）。
　今日の母親たちが育児に困難を覚える理由は，主として「育児負担の重さ」と「孤立化」にある。まず「育児負担の重さ」については，育児を辛く思う理由として「自分の時間がない」という回答が首位を占めているが，中でも「一人でゆっくりトイレに入りたい」という回答が大半である。乳幼児の世話を母親一人で担う生活の厳しさが窺える。
　次に育児中に母親たちが味わっている「孤立化」とは，育児に夫の協力を得られない状況に加えて，社会との接点を持てない生活を意味している。母親が

表1　父親の家事育児時間の国際比較

（1週間の合計／単位：時間・分）

	日本	カナダ	アメリカ	イギリス	オランダ
炊　事	0.14	2.06	2.41	3.16	3.23
掃除・洗濯	0.21	1.03	3.09	1.38	1.10
雑　事	1.38	3.51	5.01	5.57	5.50
買　物	0.56	3.23	2.13	2.27	2.13
子どもの世話	0.28	1.59	1.24	1.38	1.45

出所：1995年 NHK「生活時間の国際比較」より

　自分一人になれるささやかな時間も確保できないほど子育ての負担を一身に担わざるを得ない状況は，夫の育児協力が少ないことを意味していることに他ならない。また夫の育児不参加に起因して生じている夫婦関係の希薄さが，さらに母親の苛立ちを強めている。

　父親の育児参加時間は，世界と比較しても極めて少ないのが実態である（表1）。育児休業の取得率はわずか0.42％であり，平日の家事・育児関連時間も平均十数分に過ぎない（総務庁統計局：社会生活基本調査）。このように男性の家庭参加が進まない理由は，一つには労働時間や労働体制が男性に家事育児参加を許さないほど厳しい条件下にあるという企業社会の実態がある。同時に育児は女性の仕事と考える母性観を男性が信奉しているのも大きな要因である。こうした母性観にとらわれている夫たちは，育児に専念して心身の負担に苦しむ妻の労苦をいたわるという発想を持ちにくくなっている。

　夫の育児協力が得られないだけでなく，会話すらも十分に交わせない生活は，妻にしてみると精神的な対等性を奪われたに等しい不安感に繋がっている。そこに経済力をもたない立場の弱さも加わり，子育てに専念する生活に対する焦りを倍増させている。さらに一度仕事を辞めて子育てに専念すると社会復帰の目途も立ちにくいのが現状である。

　この調査対象は，乳幼児をもつ20代後半から30代初めの女性で，その8割が専業主婦であり，民間企業に勤める夫と共に核家族で暮らしている母親である。就業構造基本調査（総務庁）によると，末子の年齢が3歳未満の子どもをもつ

女性の7割以上が無業，すなわち専業主婦であり，この調査対象の属性はほぼ全国の平均を表しているといえよう。乳幼児をもつ女性の大半が育児に専念しているのは，前述のように乳幼児期の育児は母親が最適任者だとする母性観が根強いからであり，仕事と育児の両立を可能とする社会的な体制が整えられていない現状では仕事を辞めざるを得ない。また女性自身もそうした母性観を信じて，自らの選択として仕事を辞めて育児に入る女性も少なくない。しかし，育児に専念する選択が，母親となった女性にとって苛立ちと疎外感に苦しむ生活を送ることにつながるのは看過できない問題である。

3. 母性イデオロギーの形成過程

1) 信仰としての母性観

　育児に戸惑い，困難を覚える母親が存在するからといって，けっして不思議な現象ではない。初めて親となって子どもを育む過程で不安や悩みが伴うのは，ごく自然である。親も試行錯誤を重ねながら子どもと共に成長していくのであり，社会に求められるのはそうした親の成長過程に対する支援であろう。しかし，育児能力は女性が生来的に所持しているとする母性観を信じている限り，母親が育児に際して悩みや不安を抱いたり，ときに失敗したりすることは，あってはならない失態とみなされがちである。こうした母性観がさらに母親を追いつめ，子育てを困難なものとしている。

　なぜ人々は母親たちの実態を直視せずに，理念的な母性観を信奉しようとするのだろうか。日本人にとって「母なるもの」がもっている意味を文化論的な視点から分析した山村賢明（[1971]）は，「日本の母は単なるコのオヤとしての意味を越えた存在であり，価値的なシンボルとして機能している」という。母という言葉をきいて想い出すイメージは，私たちが個人的に経験している生身の女性としての母ではなく，「子どもへの献身，慈愛，自己犠牲」の権化としての姿であり，イメージ化された母の存在は，日本人にとっては，金銭や名誉といったものをはるかに凌ぐ統制力を持ち，ある意味では宗教的信仰に近いも

のにすらなっていると指摘している。こうした母性観を人々が胸の奥深くに大切にしている社会では，育児に困難を覚える母親は本来の母としてのあり方を逸脱した者として非難の対象になっても不思議はない。

　しかし，人々が本来の普遍的な姿として信じて疑わない母親像は，けっして古来から普遍のものではない。むしろ，近代以降の社会的要請に即して創られた理念である。すなわち，日本的母子関係といわれるものも，実は「近代化の産物として，西洋の近代家族の理念の影響を受けながら形成されてきた」（落合［1994］）といえるのである。ここでいう近代家族の理念とは，一言でいえば「男は仕事，女は家庭」であり，性別によって役割分担を明確に割り振ることを意味しているのである。近代以降の日本社会を振り返ってみると，そこには確かに性別役割分業を前提とした家族政策がとられてきた経緯が認められる。その経緯を振り返ってみると，いずれの時代も家族政策，人口政策が母性を理由として行われてきたという点で共通している。しかも，意図するか否かは別論として，母親の愛情の至高性を前面に掲げて，その時々の社会的要請は背後に見えにくいように隠されてきた。そのため人々の母性に対する認識は必然的に情緒的なものとならざるを得ず，母性を信仰に近い域に祭り上げたものと考えられる。

2） 母性強調と各時代の政策

　近代以降の日本社会が母性愛の素晴らしさを理由に掲げて家族政策，人口政策を実施した時期として，主に五つの時期が認められる。第1は1898年の民法施行に始まる十数年間，第2は資本主義が導入された大正期，第3は「産めよ増やせよ」のかけ声と共に母性賛歌が強められた第二次世界大戦時，第4は戦後の高度経済成長期，第5は低成長期に入ってからの福祉予算削減期である。その概略は以下の通りである（詳細は大日向［1992］［1999］参照）。

(1) 第1の時期：1898年の民法施行から後の十数年間

　この時期は明治政府が維新当初の開明的政策から富国強兵策へと転じた時であった。欧米に負けない強い国家の構築を目指して，国家のために強い兵士と

なる子を産む母の役割が重視された。ただし，この時は母親だけが政策の対象とされたわけではない。家族そのものが国家を支配するための基礎単位として位置づけられた点が，後の各時期と異なる。すなわち富国強兵という課題が託された先はまず家族であり，次いで家族内の女性に課せられていくというように，国家支配のヒエラルキー構造のもとで母性が強調されたのである。

(2) 第2の時期：1920年代における母性強調

しかし，1920年代の大正期になると，母性強調の対象が直接的に母親に向けられていく。しかも，その愛情が聖化され，子どもの発達と教育の鍵は母の愛と献身にすべて委ねられるのだという精神主義的な要素を前面に出した母性強調へと転じている。

こうした風潮は，当時登場し始めた育児雑誌に顕著に認められる。例えば『日本児童協会時報』（第1巻第1号は1920年発刊。第5巻以降は『育児雑誌』と改名）には，「母性」「偉大なる哉母の力」「母の愛の進化」「母の為に」「生きたるものの母性愛」「母性訓」など，母や母性という言葉をつけた表題が多くみられる。例えば「子供の賢愚は母の教育による」（文学博士・下田次郎）という題目の論稿はその典型例といえよう。「母は我が子の活殺の権を握って居るとも云えませう」とか「若し母が其の子供の家庭教育を等閑に付す様な事があれば，其の子は決して立派な者になら無いのであります」という意見が多く掲載されていて，子育てにおける家庭，特に母親の責任を強調した内容となっている。

この時代にこのような形で母性愛を強調する必要性が生じた理由として，資本主義の導入に伴う勤労者家庭の出現があげられる。都市に働きに出てきた勤労者の家庭は，それまでの村落共同体の中で成立していた大家族とは異なり，夫が外で働き，妻が家庭を守るという形態の核家族であった。性別役割分業に基づく家族形態は資本主義体制の維持強化に不可欠であり，母親が責任をもって家事・育児にあたる必要性が生じたのである。

したがって，一部の富裕な知識階層の女性たちの中から専業主婦となり，近代的な理念に従って十分育児に専念する母親が出現した。しかし，大半の母親

は育児に専心する傾向がまだ定着したとはいえない状況にあり，識者たちは前述のような形で母性強調の論陣を張ったものと考えられる。「赤ん坊のお母さんに対する不平」と題する論稿はその一例であるが，母性愛を賛美する同じ育児雑誌の中に，子育てに知識も技能も欠いている母親や育児に専念しない母親の存在がゆゆしきものとして批判されている。こうした論調に，かえって当時の母親たちの実態を窺えるように思われる。なぜなら，当時は人々の大半が農業等の第一次産業に従事し，人々の生活は村落共同体の中で営まれていた。子育ても同様に村ぐるみ，家族ぐるみの営みであって，母親一人が専念する営みではなかったのは，民俗学の資料等にも明らかである（例えば柳田［1963］）。随所に擬制的な親子関係が結ばれ，子ども組，若者宿，娘宿など，家庭外での子どもの生活の場も確保されていた。また家庭内では祖父母をはじめとして，他の多くの家族構成員に見守られて子どもは成長していた。若い母親は貴重な労働力でもあり，育児に専念する生活はあり得なかったのである。こうした生活環境に馴れていた母親が，いきなり育児は母親一人が専念すべきだとする理念を押しつけられたときの戸惑いも少なくなかったことであろう。最近の母親の「母性喪失」が嘆かれるたびに，よく昔の母親を偉大だとする論調がみられるが，大正期の母親もまた当時の識者から批判の対象とされていたのである。育児は母親が生来的に備えている適性であるとする現在の母性観も，それが導入された当時は，今日の問題とは別の意味で人々の生活との乖離が大きかったのである。

(3) 第3の時期：第二次世界大戦下における母性強調

　1937年の日中戦争，1941年の第二次世界大戦突入に始まる戦時下の時代は，愛国母性大会が「母親よ家に帰れ」の如きスローガンを掲げるなど，「軍国の母」一色の時代であった。この時代の母性賛美は明らかに「産めよ増やせよ」という戦時下の人口政策に起因していた。同時に子どものためには喜んで自己を犠牲にする日本の母の心が，世界に比類のないものであり，これが国家の結合原理，道徳の根本と主張された。この時期の母性強調は，母性愛を直接的に讃えながら国家支配に利用した点では，前述の明治政府の富国強兵策に比べて

数段の強化が図られた時代といえる。

(4) 第4の時期：高度経済成長期における母性強調

第二次世界大戦後の1950年代半ばから1960年代にかけては，高度経済成長時代を迎えて，経済体制を支えるための母性強調が行われている。すなわち経済成長を至上目的とする政策の下で，家庭は消費とエネルギー再生産の場とされ，経済成長を担う基盤的な役割を期待された。男性がいわゆる企業戦士として労働の場でその力を最大限発揮できるように，家庭は働く夫が疲れを癒し，明日からのエネルギーを再生産する場であると同時に，未来の良質な労働力を産み育てる機能が期待された。したがって，女性に対しては家庭をオアシスのように営み，「よい子」を産み育てる役割が期待された。主婦が行う家事労働の経済的価値を問う「家事労働有価値論」（磯野［1960］）も登場した時代であった。

(5) 第5の時期：低成長期における母性強調

戦後の高度経済成長に陰りが出始めた1973年以降は，低成長時代に即した母性強調が行われている。すなわち福祉予算削減を目的とした「日本型福祉社会」構想が打ち出され，それに基づいた予算の削減が図られている。そこでは乳幼児保育と高齢者介護に関わる福祉予算の切捨てが主眼とされ，代わって家族機能を強化する方向で福祉問題の解決が図られている。すなわち，具体的には家庭基盤充実政策が打ち出されて，子どもの養育や高齢者扶養は「女性特有の慈愛と献身」のすばらしさに委ねるのが日本の美しい伝統だとする母性観が強調された。

このように，富国強兵策に始まり，資本主義の維持強化，第二次世界大戦中の人口政策，高度経済成長期の労働力確保，そして，低成長期の福祉予算削減と，各時代の社会的・政治的・経済的要請はそれぞれに異なっている。しかし，いずれの時期も家族が社会的・政治的問題解決のための対象とされている。とりわけ家庭内の女性の家事育児機能を母性として強調することによって，その時々の社会問題の解決が図られてきた点で共通である。「母親の愛情に優るものはない」「育児は女性の天性である」といった母性観が強調され，母性が社

会的に価値の大きいシンボルとして用いられてきたのである。

　もっとも，この間の日本の政治的・経済的情勢は，必ずしも母性強調の方向にだけ向いていたとはいえない。富国強兵策の下で強調された儒教的な家族道徳に基づく良妻賢母主義教育は，第一次世界大戦による好況時代には，大正デモクラシーといわれる自由主義の風潮とともに一時的に後退している。この時期には経済的な好況期を迎えて女性の労働力が必要とされたことや，女性の高学歴化傾向もあって，女性の経済的自立が奨励され，職業婦人が出現した。また「軍国の母」の賛美といった母性強調も敗戦とともに消滅し，新憲法の下で民主的な家庭運営の必要性と女性の経済的自立の意義が主張された。

　しかし，大正デモクラシーの波の中で，あるいは新憲法の下で登場した新しい女性像は，日常生活に定着する前に，それぞれ第二次世界大戦の時代，そして，戦後の高度経済成長の時代を迎え，母性強調の復活によって再び後退することになったのである。

　女性の社会参加の必要性が叫ばれると，一方で母性の重要性という観点からそれが反論され，あるいは女性の社会参加が定着する前に，育児における産みの母親の必要性が強調されてなし崩しにされる現象は，近代以降の日本社会で繰り返されてきた定式化されたパターンである。

4.「科学」を根拠とした母性イデオロギー

　家族が社会の基本的な単位として構成されている以上，それぞれの時代の社会的な状況に応じて政策的な対象になることは，ある意味では必然ともいえる。しかし，日本の家族政策は「母性」をターゲットとするところに特徴がある。しかも，母性愛の至高性が情緒的に強調されるところに特色がある。その結果，政策的な意図が背後に隠されやすくなったのであり，こうしたことも人々に母性愛強調を抵抗なく受容させた一因と考えられる。さらに母親の愛情の絶対性や母子関係の重要性が科学的な根拠に基づくものとされ，権威づけされたこともあって，母性愛信仰は広く浸透していったのである。

1） 母性強調とホスピタリズム研究

　乳幼児の育児は母親が専念しなければならないとする母性観の形成に，心理学や医学およびその近接領域の研究知見が利用された一例として，「ホスピタリズム研究」がある。

　ホスピタリズムとは，乳児院や孤児院等の施設で育つ子どもにみられる発達の遅れや異常を指すものである。20世紀の初めに乳児院や孤児院などの施設の乳児たちに罹病率や死亡率が異常に高いことが発見されたことに端を発した研究である。ホスピタリズムの原因は当時（20世紀の初め）の施設が衛生的に極めて劣悪な状態にあったことが明らかにされた。施設の医学的管理に力が注がれた結果，乳児の死亡率は急速に低下し，病気などの身体面に関する問題は解決されていったが，それに代わって精神発達の遅れや異常がクローズアップされることになった。

　こうした経緯の中で世界保健機関（WHO）からホスピタリズム研究を委託されたボウルビィは，その研究報告書の中で，施設児の発達の遅れや障害は「母親の不在に原因がある」ことを指摘したのである（Bowlby [1951]）。これが子どもの発達に母親存在が不可欠の重要性を持つと見なされる大きな契機となった。「マターナル・ディプリベーション（母性剥奪）」という言葉と共に，母親がいないと子どもが順調に育たないという印象が一般に普及した。

　しかし，このボウルビィのマターナル・ディプリベーション理論には問題点も少なくない。ボウルビィの研究は，施設児だけを対象としてなされており，施設児の発達の遅れや障害が，はたして母親の不在に求められるのか，施設の保育条件の劣悪さによってもたらされるのかについての検証に関してはいささか厳密さを欠いていた。それにもかかわらず，子どもの発達の遅れや問題の原因を単に母親不在にあるとして，結果的に母子関係を不当に強調した点が問題点として指摘されている（Rutter [1972]）。

　この点については欧米の学会ではいち早く批判が行われて，母子関係に関する理論的再構築がなされている。しかし，日本にマターナル・ディプリベーションの概念が導入される際しては，その功罪の両面が紹介されることは少な

く，むしろ，母親不在がそのままホスピタリズムの症状をもたらすものとする強調のされ方をした感は否めない。そして，マターナル・ディプリベーションの理論が日本に紹介された時期が，ちょうど前述の第4の時期の高度経済成長期にあったことを考えなければならない。高度経済成長を支える良質な労働力の確保の必要性から，家庭管理と育児を女性の仕事として強調する政策が是とされていた時代であった。ボウルビィ理論は，母親が不在だと子どもの発達が歪むという面が強調され，家庭内の母親役割を誇張するうえで格好の理論的根拠として用いられたのである。マターナル・ディプリベーション理論が母親の就労に警告を発する裏付けとして用いられることもしばしばであった。子どもを育てながらの共働きをめざす人々に与えた不安はけっして小さいものではなく，女性労働の発展に大きな障壁となったものである。

2） 母子相互作用研究

　同様に科学的研究を根拠とした母子関係の強調は，上記の第5の時期においても認められる。1970年代から1980年代にかけて，医学やその近接領域において母と子の絆を生理学的な視点から解明しようとする動きが活発化した時期がそれである。発達初期，なかには胎児期にまで遡って，母と子の絆の意味を解き明かそうとする研究が数多く行われるなど，母子双方が生得的に所持している生理的な能力によって相互の絆を保証しあっている様子が報告されている（詳細は大日向［1992］）。こうした研究知見は，母性は女性の本能だとしたかつての母性本能説とは異なって，科学的な根拠を提示している点で説得力も大きいものがあった。しかし，こうした研究の中には科学的なデータの域を超えて，母親の育児役割が恣意的に強調される傾向もまた顕著に認められるのである。

　その典型例が，子どもに対する母親の愛情は分娩後のホルモン分泌によって影響を受けて形成されるとする知見である。母親の子どもに対する愛情が最も敏感になる分娩直後の一定期間（「感受期」）に子どもと接触する経験が，1か月後，1年後の母子関係にも影響するという研究がある（クラウス他：Klaus et al.［1976］）。この知見が日本に紹介されて，分娩後の「感受期」に母と子との

接触をできるだけ多くしようとして，各病院が産褥期の入院形態を従来の母児別室制から母児同室制へと大きく移行させた。同時に，乳幼児期は母親が子どものそばにいる必要性が随所で喧伝されたのである。

産褥期の母児同室制については，母親や家族が早期から新生児と接する機会を得て，家族としての絆を形成しやすくさせるなど，一定の効果が認められるであろう。しかし，この知見の導入に関しての問題は，早期の接触が母子間相互の愛着の発達に有効だとする側面が強調されすぎて，その効力がときには児童期や思春期の子どもの発達や母子関係にまで及んで論述される傾向が認められることである。

そもそもクラウス他の研究は，ネズミやヤギの母親行動が分娩後の短期間のホルモン分泌に規定されることを明らかにした研究にヒントを得たものである（Terkel & Rosenblatt [1968], Klopfer [1971]）。ネズミやヤギの母体が所持している内的因子に類似した機能が産褥期の人間の母親にも存在することは必ずしも否定できない事実かもしれない。しかし，人間の育児はそれ以外の多くの要因が相互に関与しあって行われることが特徴でもある。母親自身の生育歴や現在の生活で経験している人間関係，とりわけ夫婦関係が，あるいは社会的経済的な要因も母親の子育てには少なからず反映される。ホルモン分泌に基づいた「感受期」の存在が否定できないとしても，生理的・生得的レベルの絆の効力が直ちに母子関係の全てを規定するものとは限らない。むしろ，社会的・文化的要因の規定力とどのような相互関係をもって，母親としての行動に統合されていくかを検討していかなければならないと考える。

もっとも，クラウス他は母子の愛着の形成には多様な要因が関与する可能性を認めている。その上で入院期間中の母子に対して病院側が取りうる処置として産褥期早期の母子接触の意義を明らかにしたものである。クラウス他の知見に対してあまりに誇張した解釈をする動向を呼んだのはアメリカでも同様であるが，そうした風潮に対する批判も率直に行われている（Eyer [1992]）。日本社会においても心理学等の領域からは批判的な検討が加えられたが，大勢はむしろ何の疑義も挟まずにクラウス他の知見を受容したばかりか，発達初期の母

子関係が不可逆の重要性をもつという認識を強めていった。

　先に述べたホスピタリズム研究が戦後の高度経済成長期に，またクラウス他の研究をはじめとした母子関係理論の知見が低成長期以降の福祉予算削減期に，それぞれ導入されたことはけっして偶然ではないであろう。そこには本来は科学的実証的研究の知見が，用いられ方によっては，社会的・経済的な要請を背景としたイデオロギーと化す危険性が大きいことを指摘しなければならないと考える。

3） 三歳児神話

　上記のホスピタリズム研究と母子関係研究は，「三歳児神話」の形成に大きく加担して，女性就労の障壁となった点も看過できない問題点である。

　「三歳児神話」とは「乳幼児期，とりわけ三歳までは母親が育児に専念すべき」だという考え方で，従来の母性観の中でもとりわけ人々が厚い信仰を寄せている考え方である。1998年版『厚生白書』がこの三歳児神話を取り上げて，合理的根拠がないと断定する記述を載せ話題を呼んだところであるが，その背景には近年の少子化傾向への危機感が存在していると考えられる。近年の少子化の原因として，仕事と家庭の両立を困難とする日常生活の影響が考えられ，「三歳児神話」からの解放は労働環境や保育制度等の整備を進める上で急務であり，同時に女性自身の意識改革にとっても不可欠である。

　しかし，三歳児神話は単に合理的根拠がないとするだけでは，人々の理解は得難いであろう。なぜなら前述のように，近代以降の日本社会において，その時々の社会的政治的要請を隠して情緒的な訴えがなされ，かつ科学的根拠の提示を受けて，人々の脳裏に深く刻み込まれた理念といえるからである。社会に定着した母性観を払拭するのは，「三歳児神話」の内容的な分析を行いつつ，その合理的な根拠を崩していく必要があると考える。

　「三歳児神話」は内容的に次の3要素から成り立っている。第1は乳幼児期が人間の発達にとって非常に重要な意味をもつとする点，第2はそれほど大切な乳幼児期であるから母親が不可欠だとする点，そして，第3は仮に乳幼児期

に母親が就労等で育児に専念しないと，子どもが将来に及んで心の傷を残す危険性が高いという点である。

　まず，第1の点については，「三つ子の魂百までも」という諺もあるように，古くからの人々の生活の智恵として大切にされてきた考え方でもある。しかし，乳幼児期がなぜ大切かを考えることが必要であろう。それは愛されることを知るためである。だれかの保護なくしては生存が危うい乳幼児期は，適切に愛されてこそ自分に自信をもち，他者を信頼することができる。そうした愛情を基礎として，子どもは成長発達の一歩を踏み出していけるといっても過言ではない。しかも，ここでの愛情とは，第1に抱いたりあやしたりして，五感を通して与える「適切な量の刺激」であり，第2にそうして与えられる刺激は，乳幼児の求めに応じて交わされる応答性豊かなものでなければならない。第3に何よりもこの子の成長を見守り，支援しようとする責任感のある暖かさである（高橋［1976］）。こうした愛情は果たして母親の生来的適性によってもたらされるものかというと，必ずしもそうではない。母親以外の人々，例えば父親，あるいは保育士，保健婦等の専門職の人々をはじめとして，誰もがこうした愛情を持てる可能性がある。またたとえ母親であっても育児ストレスを高じさせる事例も少なくなく，そうした場合には適切な愛情の発揮を期待することは難しい。母親もこうした愛情を注げるよう努力が必要なことはいうまでもないが，そのためには母親への育児支援が不可欠であろう。こうして，乳幼児期に注がれるべき愛情のあり方を検討すれば，三歳児神話の第2の要素である「母親でなければならない」とする根拠も自ずと崩されると考える。

　次に「三歳児神話」の第3の要素は，小さいときに母親が就労等の理由でそばにいないと，将来的に子どもの心に傷を残すという問題である。この点については，母親の就労と子どもの発達との関係を検証した縦断的研究によれば，母親の就労は必ずしも否定的な影響を子どもに及ぼしていないことを明らかにしている。むしろ，母親の就労に対して夫や家族の協力が得られている場合，そして，適切な保育がなされている場合には，子どもの発達にとってはより積極的な結果が認められている（Gottfried［1988］）。重要な点は単に母親が働いて

いるかいないかではなく，母親自身の就労態度や家族の協力のあり方，そして，女性の就労環境の整備の如何にかかっているということである。

5. 今，求められている子育て支援と新たな子育ての理念

　女性の就労率が高まっているとはいえ，育児の大半が母親に課せられている状況には変わりがない。特に乳幼児のいる母親が仕事を続ける生活には今もなお困難が大きい。それが一方では産みたくても産めない現状をもたらし，他方では子どもを産んで子育てに専念している女性は，夫や社会からの疎外感に苦しみ，その結果として育児に困難を来している。こうした現状の改善を図るためにも，仕事と育児が両立できるようなさまざまな支援が求められていることが明らかである。とりわけ保育所機能を質的に充実させる必要性は非常に高いにもかかわらず，保育政策は必ずしも働く女性の現実に対応しきれていない。その原因の一つは前述のように乳幼児期は母親が育てるのが望ましいとする母性観の影響が大きい。「保育所に入れるのは子どもがかわいそう。母親の育児放棄」だとする社会通念が未だに根強く，働く母親たちは後ろめたさを感じながら働かざるをえないというのが現状である（大日向［2000］）。

　それに加えて，最近の少子化傾向への苛立ちからか，昨今の女性の母性喪失を嘆く論調が一部で強まっている。例えば「育児はすばらしい仕事だ。それを考えないで外で働くことばかりに目を向けるのは愚かである。最近は女性の自立や就労の意義ばかりが喧伝されているが，育児の意義がもっと認識されるべきだ」とする意見も少なくない。確かに家事・育児は私たちの生活に欠かせない基本として大切にすべきである。また子育ては苦行だけではけっしてない。幼い子どもが育っていく姿に接して私たち大人が得られる喜びは，育児の大変さを超えて余りあるものがある。それにもかかわらず，母親たちがなぜ子育てに喜びを見いだすことが少なく，むしろ困難を覚えているのかを考えなければならないのではないだろうか。

　そもそも育児が母親一人に託され始めたのは，近代以降であったことは，繰

り返し述べてきた通りである。かつては親は無論のこと，家族や地域全体で「共育て」で行われてきた育児を，母親一人に託して十分に支援しないところに問題があるとみる視点が必要であろう。また今日の女性は男性と対等の教育を受け，社会生活を経験している。こうした女性が母親になった途端に社会から疎外されて，閉鎖的な環境で育児に専念する生活に困難を覚えたとしても不思議ではない。むしろ，育児中であっても就労や地域活動を通して，広く社会と関われる生活が保障されることが必要であろう。また育児に専念する場合であっても，育児終了後は社会復帰を可能とする保障があってこそ，子育てを楽しむゆとりも持てると考えられる。そうした就労環境の整備は，女性だけでなく，男性にとっても仕事だけの生活ではなく，安心して育児に積極的に関わることが可能となるのではないだろうか。

　そうした社会体制を整備する上でも，育児は母親の生来的な適性だとする母性観は，近代以降に創られた理念であり，けっして古来から普遍の真実とは限らないという事実を再確認する必要がある。子育てが女性にだけ託されている現状の中で母親たちがその負担に苦しみ，葛藤し，結果的に子どもや育児に適切に関わりにくくなっているという実態が真剣に見直されなければならない。父親はいうまでもなく，親でない人々もそれぞれの立場で，できうる限り子どもの成長に接し，それを支援できる社会の実現が求められているという主張は，まさに冒頭で述べた男女共同参画型社会の実現を求めることに他ならない。そうして男女が人間らしい働き方と社会生活が保障されるゆとりのある社会が実現されて初めて，子どももまた豊かに育つことが可能であろう。そうした社会を実現するためにも，改めて育児を女性にだけ託す従来の母性観が払拭されなければならないと考える。

文献

Bowlby, J.［1951］*Maternal Care and Mental Health*, WHO.
Eyer, E. D.［1992］*Mother Infant Bonding : A Scientific Fiction*, Yale University Rress. 大日向雅美・大日向史子訳［2000］『母性愛神話のまぼろし』大修館書店
Gottfried, A. E.（eds.）［1988］佐々木保行監訳［1996］『母親の就労と子どもの発達』ブ

レーン出版
磯野富士子［1960］「婦人解放論の混迷――婦人週間にあたっての提言」,『朝日ジャーナル』57：12-21
Klaus, M. H. & Kennell, J. H.［1976］*Maternal-Infant Bonding*, C. V. Mosby Company. 竹内徹・柏木哲夫訳［1979］『母と子のきずな』医学書院
Klopfer, P.［1971］" Mother Love : What turns its on?" *American Scientist*, 49 : 404-407.
落合恵美子［1994］『21世紀家族へ（新版）』有斐閣
大日向雅美［1992］『母性は女の勲章ですか？』扶桑社
――――［1999］『子育てと出会うとき』NHK出版
――――［2000］『母性愛神話の罠』日本評論社
Rutter, M.［1972］*Maternal Deprivation Reassessed*, The Penguin Press. 北見芳雄・佐藤紀子・辻祥子訳［1979］『母親剥奪理論の功罪』誠信書房
高橋恵子［1976］「愛着の出現の規定因」, 岡本夏木・三宅和夫（編）『心理学5発達』有斐閣
Terkel, J. & Rosenblatt, J. S.［1968］" Maternal behavior induced by maternal blood plasma injected into vergin rats ", *Journal of Comparative and Physiological Psychology*, 65 : 479-482.
山村賢明［1971］『日本人と母』東洋館出版社
柳田國男［1963］「親方子方」,『定本柳田國男集』筑摩書房, 第15巻

第4章　ケアの規範

内　藤　和　美

はじめに

　性別秩序で貫かれた日本社会のなかで女性に期待されてきたことを「他者をケアする存在であること」と読み取り，このことを「ケア役割」(後述)と名づけて以来，ケアは，その性別との関連ゆえに私の重大関心事のひとつとなった。本論では，この「ケア」に焦点をあて，①ケアの概念と論じられ方，特にそれがもっている規範性の内容，②ケアと性別の関連性とその問題性を整理し，さらにその解消の方途を考えてみたい。

　本論のキーワードは，ケア，規範，ジェンダー，「ケア役割」などである。ここでは，これらの語を次のような意味合いで用いるものとする。

　ケア：「一人ひとりの生存と生活の質を確保するために不可欠な相互依存のことである。ケアする局面では，他者の，自力では充足できない欲求ないし必要性を満たすために自分の心身の力を使うこと，ケアされる局面では，他者の援助を必要とする状況にある時，それを受けて生存と生活の質を確保しようとすること」。意図は後述する。

　規範：「社会や集団において，成員の社会的行為に一定の拘束を加えて規整する規則一般」，つまりは「人のあり方・行動を方向づける力をもつもの」[1]ととらえる。ケアの規範とは，ケアということについて，人のあり方・行動を方向づける力をもつ慣習や社会通念，あるいは関連の法制度ということになる。

　ジェンダー：次のような認識を含む性別概念[2][3]

① 性別は,「男性」「女性」という二項対置（二分法）でとらえられている。
② 二項対置的な性別は規範化されて社会的体系を成している。
③ 「男性」と「女性」の間には非対称的な力関係がある。
④ 性別はそれ自体,多様な要因によって構成される。性別は,生物学的要因によって一元的に構成されるのでも,生物学的要因と社会的・文化的要因によって二元的に構成されるのでもない。
⑤ 性別はさらに,階級・民族・人種・ライフステージなどの諸関係によって立体化される。女性（男性）は〈同質でも,普遍的なカテゴリーを構成するのでもなく,階級,民族,ライフステージや世代などの諸条件によって実に多様である。〉[5]

詳細は別稿に譲るが[4],ジェンダーについての「生物学的な性別を示すセックスに対して社会的・文化的に形成される性別[6]」といった定義の普及には大きな問題を感じる。

1. ケアの概念——ケアはどのように概念され,どのように論じられているか

ケアという語は,看護,医療,介護・社会福祉,心理,哲学・倫理学,美容などの諸分野,産業界,そして最近は,日常生活の中でも普通に使われるようになった。ちなみに,国立国会図書館『雑誌記事索引 CD-ROM for Windows』(1985~1998)および『和図書書誌検索 CD-ROM』(~1998)により,標題にケアという語を含む論文・図書を検索したところ,当該の論文・図書の数は年々,特に1995年以後飛躍的に増加しており,ケアという語が近年急速によく使われるようになった語であることがわかる[4]。

こうして多用されるようになったケアという語がどのように概念され,どのようなものとして論じられているのかを知るために,上記検索によって得られたリスト（計3,367件）により,まず,標題のみの次元でその使われ方を検討したところ,①標題中にケアという語が単独で使われるより,「在宅ケア」,「プライマリ・ケア」,「ターミナル・ケア」など術語の一部として使われるこ

とが圧倒的に多いこと，②単独で使われる場合は，看護，介護，世話など特定の日本語の同義語として使われている場合（例：糖尿病患者のケア）と，より包括的・複合的な含意と思われるものがあること（例：ケアの本質）がわかった[(4)]。②は，前者の用法では，同義であればなぜ言い換えるのかという問いを，後者の用法では，たとえば世話，介護，看護，援助，配慮など近接の日本語ではなく，ケアという語を用いることの固有の意義は何かという問いを生む。本論で扱う諸家の論述をあくまでケアという語を用いたものに限るのはこれらの問いが追究されるべきだと思うからである[(7)]。

次に，これらのうち最後のグループ，つまり標題中にケアという語が単独でかつより包括的・複合的な含意で用いられていると思われるものを中心に文献を収集し，それらにおいてケアがどのようなものと概念され，どのように論じられているのかを具体的に検討してみた[(8)]。

これも詳細は別稿に譲るが[(4)]，次のような見解が多くのあるいはいくつかの文献に共通して見られた。なお，これらは見解の箇条書き的列挙であって，必ずしも項目間に論理的一貫性はない，むしろ両立し難い向きのものもある。さらに，標題に「ケア」を冠し，ケアを論述の主題としながら，ケアとは何か，ケアという語をどのような意味合いのものとして使うかがどこにも表明されない論文・図書が少なくなかったことを付記しておく。

① ケアの目的は，他者の自力では充足できないニーズに応じそれを充足することである

「乳幼児，病人，障害者，要介護高齢者など自らの力では生活を営むことの困難な人に対し，その生活の質（QOL）の向上を目指して行われる日常的な援助[(8)]」，〈相手の求めに応じて行われる具体的な行為を伴う配慮[(9)]〉といった定義，あるいは「『世話（ケア）』の倫理とは，他人の必要を自分に内面化して，その必要に自発的に関与すべきであるという責任の意識を持つような内的なながしに基づく[(10)]」というように。

② ケアは情動，特に気懸かり・気遣いの心情を含む

〈ケアという語は「悲しみ」を語源とする情緒的要素の強い語である〉[(11)]，「ケ

アの本質的な要素の少なくとも一部をなすのは『情動』あるいは『情動にかかわるコミュニケーション』である」[12]，〈人間存在はケア（Care），すなわち，『気遣い』と『気懸り・憂慮・不安』である。〉[13]，あるいは木下がケアの四つの基本的特性として「第1に，他者に対して関心を向けること」「第2に，関心の向け方は気がかり，心配というように他者について心を痛める形であること」[14]を挙げているように。

③　ケアは，働きかけとして表現される

ケアは「人に向けて手をさしのべるという形となって表現される」[15]，ケアとは〈孤独や不安や絶望に苦しむ相手の内的世界を了解し，その了解に基づいて行動する配慮的実践知〉[17]である，ケアとは「さまざまな事物（物や生き物や人）からの呼びかけに応え，その相手に手をさしのべること」[16]である，あるいは木下が②で挙げた2項に続けて「ただ気にかけたり，心配するだけでなく，その気持ちを行為によって表現すること」[14]を挙げているように。

④　ケアは，対等な人間間の相互性，共存・共生に関わるものである

ケアは〈対等な人格的関わりを基盤に成立する〉「自己と相手の相互の関わりがダイナミックに変化してゆく過程」[9]である，「お互いに思いやる『ケア』の関係性」[17]，ケアは「ケアする人，される人に生じる変化とともに成長発展をとげる関係であり」「相互発展」[18]の過程である，「ケアは人生のどの場面においても，人と人のかかわりに基本的なところで作用しており，ケアしあうことにおいて互いが活かされ，生きている」[19]，〈援助者と被援助者の関係は，キュアにおいては非対称的，一方的になりやすいのに対し，ケアにおいては，共に死すべき者・共に老いるべき者・共に病むべき者どうしの並列関係・相互作用的関係である〉[13]，ケアは「患者―看護婦間の相互にゆきかう関係」[20]であるというように。

⑤　ケアは人間にとって本質的なものである

「人間は，他者からケアされ他者をケアすることことがその本質である」[9]，〈人間の発達と成熟は，ケアを受けることと，ケアをすることすなわち他者のために自己を活かすこと，問題となっている何事かに関与することを通じて達

成される。すなわちケアは人間にとって本質的なものである〉[21]、「人間は『ケア』の関係の中でひとりの『個』となる。『私』が『私』であることを、ケアが支えている。」「個体性、つまり『私』」ということと社会性（他の個体との相互の「ケア」の関係）とはパラレルに形成される」[22]、「人間存在の基本的なあり方である『ケアしたり・されたり』」[19]というように。

⑥　ケアは、これまで主流であった認識様式や価値や方法を批判的に乗り越えるもの、それらに対置される概念である

ケア概念は「認識を主観と客観に分割し、すべての他者を対象化して共感と理解を分断する近代の認識様式をのりこえる」[13]もの、〈ケアの倫理は、効率と競争、それによる達成に対する〉「共に生きる者おたがいのあいだでの苦悩の緩和と生きるよろこびのわかちあいに価値を置く倫理」である[10]、「キュア cure からケア care へ」[14]、〈サイエンス（近代科学）が主体と対象（自然）との間の関係の切断、ひいてはその支配・統御を志向し、帰納的・網羅的な実証性や客観性を重視するのに対し、ケアは対象との一体性・共感や親和性を基本的な要素とし、対象の個別性や経験の一回性を志向する〉[23]、〈先端医療技術の発達はかえって、終末期、老年期、治癒しない難病など、キュア（治療）の及ばない、『治す』という行為が役に立たない状態を顕在化させた。キュアは、健康な生を認識の基点とし、もとの健康な状態に回復させることを目的とし、科学的客観性・普遍妥当的な方法を方法とするのに対して、ケアは、現状の受容を認識の基点とし、意味ある生の完成を目的とする〉[13]というように。

⑦　ケアという語は、包括的・複合的・広範な意味を含む

「『ケア』という言葉は、せまくは『看護』や『介護』、中間的なものとして『世話』といった語義があり、もっとも広くは『配慮』『関心』『気遣い』というきわめて広範な意味をもつ概念である」[24]、〈ケアは、身辺介助など手段的援助と、精神的な援助や文化的な欲求の充足といった表出的な援助を含むより広い概念〉[8]、「ケアの多義性に注目し、それをとりあえず『介護』『世話』『配慮』の三つに分節化し」[7]、「専門化され、同時に具体的に限定された行為としての医療・看護を基礎づけるには、ケアはあまりにも日常的で多義的である」[16]という

第 4 章　ケアの規範

　⑧　ケアは語義が曖昧である
　ケアは「これだけ使われている言葉なのに，その肝心な意味についてはわかっているようで実はよくわからない」，特に福祉の分野では「現状は混沌としているのであり，パラダイムとしての『福祉』概念をとらえ直さないかぎり」「ケアの意味は確定できなくなっている。(14)」，「ケアなるものの曖昧さ(16)」というように。

　このうち語義に関する指摘である⑦⑧以外のものは規範ないし理念と見ることができる。
　これらに，諸文献におけるケアの論じられ方全体に関わる印象として以下3点を追加したい。
　(1)　④に挙げたように，論者によってはケアは相互的な関係・過程であることが強調され，ひいては，する/されるといった方向すらもたないものととらえられているが(13)，ケアはなお圧倒的に，ケアする側から「ケアすること」として語られがちである。つまり，ケアを論じることにおいて，ケアを受けること・受ける側はなお視野の周辺に追いやられがちである。(17)(25)
　ケアが圧倒的にケアする側から「ケアすること」として語られるということは，ケアを語ること自体が権力性を帯びているということである。ジェンダーとの関連で本章—2で述べる「女性がケアすること」，つまり，例えば家事労働，配慮，世話など「ケアすること」の女性偏在の問題化もまた，こうした，ケアを受けること・ケアを受ける側の軽視に荷担してしまった面はないか。
　(2)　ケアは個人の資質の問題として論じられがちで，ケアを支える（めぐる）社会的条件・要因はあまり問題にされていない。
　(3)　現実のケア，特に「ケアすること」はジェンダーと関連のある/関連づけられた事象であるにもかかわらず，ケアそのものを主題にした論考（ケア論）においては，性別との関連はまったくと言ってよいほど問題にされていない。(7)(10)(22)(25)(26) 逆に，「女性の繊細な感性を生かして心身のケアに取り組む看護の専門家(9)」と性別の偏りが特性論で片付けられていたり，「ケア/ケアリングの基

本的概念」が，母親が「母性本能をもとに，子どもに慈しみの心をもって」「日常生活のお世話をし，そして子どもをはぐくみ育てる。同時に母親は子どもによりはぐくまれ育てられる。」「この関係をとおして，母親は子どもの痛みをわが痛みとして感じ，その痛みを和らげるために自己没入する。やがて母親は個々（原文のまま）子どもの個性をみいだし，その個性を大切に育てる。」という「この健全な親子関係にみられる『ささえあう』という概念」に帰されているなど，むしろ性別との結びつきが与件とされているのではないかと感じられるものもある。

以上のようなケアという語をめぐる動向の吟味を踏まえ，かつジェンダーと関係づけてケアを問題にするという立場に立ったものが，冒頭に記した本論におけるケアの定義である。再掲すると，ケア：「ひとり一人の生存と生活の質を確保するために不可欠な相互依存のことである。ケアする局面では，他者の，自力では充足できない欲求ないし必要性を満たすために自分の心身の力を使うこと，ケアされる局面では，他者の援助を必要とする状況にある時，それを受けて生存と生活の質を確保しようとすること」。

ここで，上記②のように，ケアを「他者を気遣う」「心を痛める」など，ある種の情動に基づくものとしなかった。概念の中に特定の心情に基づくものであることを入れてしまうことは，その前提自体を問題にすることを困難にするし，概念自体が教条性をもってしまうではないか。さらにジェンダーとの関連では看過し得ない「ケアする存在であることを強いられる・余儀なくされる」といった問題や，〈女性が本来「情緒的存在」であるという神話が，女性に家事と感情ワークを割り当てる根拠となっている〉，「このようなコミュニティ・ケアのあり方を支えているのは，女性には『気遣うという資質』（caring about nature）が本来的にそなわっているという，女性らしさ，女性役割に関する独自なイデオロギーである。」といった問題を隠してしまう。

同じく，上記③のように，行動（働きかけ）として表現されることを入れなかった。ケアは行動として表現される，というのは，〈「家族責任を負担すること＝愛情」というイデオロギー，本来独立であるこの2項を一致させるイデオ

ロギーが近代家族を支える一大装置であった〉[28]，〈日本における家事労働は，生存と生活に不可欠なタスクであると同時に，女性の愛情表現手段という性格をもっている〉[30]，「『気遣う』ということと『世話をする』ということが同一視される」[29]などと指摘される，それ自体が持っているかもしれない規範性（"ケアは行動として表現されるはずだ・べきだ"）が見えなくなってしまう。

2．「ケアすること」とジェンダー——「ケア役割」再論

1) 「ケアすること」とジェンダー

　ケア，特に「ケアすること」は，ジェンダーと関連がある。「ケアすること」とジェンダーの関連は，典型的には，①育児や介護・看護を含む家事労働が圧倒的に女性によって担われている，②看護，保育など「ケアすること」を内容とする職業はしばしば，従業者の女性比率が高い「女性集中職」であるなどの形で表現されている。その背後には，人々をそのように方向づける規範がある。[29]例えば，①は，総務庁「社会生活基本調査」（1996）で，共働き世帯の夫婦の1日の家事労働時間（時間：分）は，妻4：10，夫0：21，夫有業妻無業の世帯では，妻7：05，夫0：26，総理府「男女共同参画社会に関する世論調査」[31]（1997）で「女性は仕事をもつのはよいが，家事・育児はきちんとすべきである」という考え方に「賛成」ないし「どちらかといえば賛成」の人は86.4%，[32]「仕事と，家庭生活又は地域生活についての女性の望ましい生き方」を「家庭を優先する」とした人が45.0%，「家庭と仕事を両立する」とした人が41.2%，[31]読売新聞社「『男らしさ』『女らしさ』世論調査」（1995）では「女らしさ」の内容として「思いやりのある」（68.1%），「さりげない気配り」（39.9%），「家事や育児を上手にこなす」（38.7%），「控えめ」（31.5%）などが挙げられている。[32]また，②は，看護職の女性比率が96.4%（1996）[33]であることなどに見ることができる。

2）「ケアすること」の役割化[34]~[36]

　かねて私は,「ケアすること」とジェンダーの関連を「ケア役割」という語を用いて整理してきた。「ケア役割」とは,上記の諸調査結果に垣間見るように,「ケアすること」が女性が集約的に担うべき役割として為されてきたこと,行動から"らしさ"まで,公的領域から私的領域までを貫いて,女性に期待されてきたのは「他者をケアする存在であれ」ということではなかったかということを問題化しようとする概念である。しかもそこにおいて期待された「ケアすること」は,多分にギリガンによる「思いやりの倫理」の第2段階,「自分自身を除外」して「他人を思いやる」[37],すなわち「他人に尽くす」的なものではなかったか。

　女性に対する,「ケア役割」の担い手であれという期待は,非常にはっきりした二つの具体的な形で制度化されてきた。一つは「主婦」であり,これは言わば支払われない「ケア役割」である。もう一つは前にも述べた「女性集中職」で,言わば支払われる「ケア役割」である。典型的には,看護,保育,介護など,「ケアすること」を内容とする職業（以下,ケア・ワーク）は,従業者の女性比率が高い女性集中職である。

3）「ケアすること」の役割化をめぐる問題

　「ケア役割」のリスクの⑤の諸引用に述べられているように,ケアし/ケアされることは人間存在にとって不可欠,本質的なことである。そのこと自体ではなく,支払われようと支払われまいと,他者を「ケアすること」を役割として担うということ（「ケア役割」）にはある種のリスクがつきまとうように思われる。他者を「ケアすること」の役割化,ということをめぐるいくつかの問題を考えてみる。

　①　その一つは,主にケアすることに関わるリスク,ケアする人の主体の空洞化ともいうべきリスクである。他者を「ケアすること」を役割として担うとは,他者の欲求・必要性を満たすことに,ある一貫性をもって継続的に従事するということである。それは,他者の欲求・必要性に自分を合わせていくとい

う面をもつ。自分と相手の欲求・必要性は当然に独立で基本的に一致するものではないにもかかわらず，その不一致を乗り越えて他者をケアしつづけるということは，すなわちしばしば自分の欲求をコントロールして相手の欲求を優先させることになるということだ。また，他者を「ケアすること」において，その適否は，ケアを受ける相手の欲求・必要性が満たされたか否か，すなわち他者に委ねられている。いずれにしても，担い手が誰であれ「ケア役割」は他者優先・他者次第という側面があり，その究極には，自分の棚上げ〜ケアする人の主体の空洞化というリスクがある（他者の声を聞き・他者の欲求に反応せよ／自分の声は聞かない・自分の欲求に反応していてはやっていけない）。ただしこのリスクは担い手の状況や条件の如何によって大きくも小さくもなり得る。これを大きくする条件とは，とりもなおさず「ケアすること」が「自分より他者を優先せよ」という規範を伴うような場合（自分を犠牲にしても人に尽くす的ケア）ではないか，小さくする条件については後述する。

② もう一つ，まったく逆の，主にケアされることに関わるリスクもある。ケアする／ケアを受けるの関係は，濫用されて権力関係（強いる／強いられる）になり得る。例えば児童虐待や高齢者虐待のように。このことに関して，ケアと暴力（相手の人間的尊厳を損なうような強制力）は，正反対でありながら，ともに人間間でやむことなく行われ，そしてともにジェンダーと関連があるという共通性をもち，正反対でありながら併存すること（児童虐待・高齢者虐待など）も，セットになって起こること（一部の「夫から妻への暴力」など）もある……「ケアと暴力」は，とても重要な問題なのではないか。

③ 支払われない「ケア役割」のリスク

「ケア役割」は，女性が「主婦」となって家事労働を集約的に担う，という形で最も典型的に制度化されている。「主婦」とはつまり，「家庭で無償の家事労働の主たる担当者となる女性」のこと，そして家事労働は，心身の能力を労働力商品として市場に提供し対価を得る社会的労働に対して，「生活手段の消費や家族員に対するサービスのために，社会的分業に組み込まれないで個別的に行われる人間労働力の支出のことであり，家族員（自分を含む）の労働力の

再生産をする労働[38]」である。それは当の人々が生きていくために必要不可欠なだけでなく，「資本主義生産様式のもとでは，資本にとっても必要である[38]。」資本主義の生産様式は，市場で財やサービスを生み出すために消費される人間労働力（労働力商品）の再生産が市場外の家庭で無償で，つまり家事労働によって行われるということを組み込んだものだった。そして，この家事労働を女性が「主婦」となって担うという方法は，男性による女性支配と資本の富の蓄積を相乗的に両立させる方法として採用されたものであった[39][40]。

　貨幣経済の社会，つまり生きるために必要なあらゆるものが金と交換でなければ手に入らない社会で，重要不可欠だが市場外で行われるがために無償である労働の大方を引き受けるということは，何を結果するか。時間と労力の多くを無償労働に費やす結果，怠惰でも能力がないわけでもないにもかかわらず，自らの生存を支える経済力の調達において不利になり，多くの場合夫である男性に対する経済的依存や経済的劣位を余儀なくされる。依存する/されるの関係は，権力関係（支配/被支配）である。経済力は，生活を維持する手段であるとともに，自身と自らの人生に関する自己決定を保障する手段でもある。家庭内の無償労働の大半を女性が担うことに大きく起因する両性間の経済力の不均衡が，さまざまな面での両性間の力の不均衡を規定している。例えば，「『夫（恋人）からの暴力』についての調査研究」によると，言葉の暴力を受けたことがあると回答した人によって書かれたその内容には，「口答えをするな」といった自分（男性・夫）の優位性をふりかざすもの，「くそばばあ」など人格をおとしめるものと並んで，「誰に食わせてもらっている」など経済的優位をふりかざす一群の言葉があった。逆に，暴力によって，経済的なそれをはじめとする優位性が維持される場合もあった。〈夫の身体的暴力によって重傷を負い，その後遺症で働ける身体（自力で生きるすべ）を失って，夫への依存の継続を余儀なくされる〉，〈夫の暴力のためにたびたび欠勤を余儀なくされた結果解雇され職を失い，夫に依存する生活となった[41]〉，というように。

④　「ケアする」という愛情表現手段
　先にも引用した〈日本における家事労働は，生存と生活に不可欠なタスクで

あると同時に，女性の愛情表現手段という性格をもっている〉という山田の指摘のように[30]，日本において「ケアすること」が女性の愛情の主要な表現形態となっていることが，女性たちにますます「ケアすること」を抱え込ませ，手離し難くさせている面はないか。

⑤　「ケアすること」の為され方としての限界

長寿化に伴う長期化・重度化，介護する側の高齢化，そして今後は介護する側がとめどなく少産少子世代へ，といった状況にある高齢者介護にその典型を見るように[42][43]，誰か特定の人の役割にするというやり方は現状に適合的でなくもはや限界であるように思われる[44]。

4）「ケア役割」の発展的解消

一人ひとりの生存と生活の質の確保のための相互依存としてのケアは人間に不可欠の，そして21世紀にこそその価値が回復されるべきもの（後述）であるが，「ケアすること」を特定の誰か（女性）の役割にする従来のやり方，とりわけ"自分より他者を優先せよ"（人に尽くせ）という規範を伴ったそれは，ケアする/されるの需給の現状に合わないうえ，する側にとってもされる側にとってもリスクがあって，指向されるべきは「ケアすること」の脱役割化，多分に脱「女性の役割」化だと考えられる。以下，「ケアすること」の脱「女性の役割」化をいくつかの面から論じてみたい。

①　ケア観の成熟と，それに裏打ちされた主体，および社会領域の形成

ケア（生存とその質の確保のための相互依存）は，これまで，その価値において，効率と競争，それによる達成とりわけ経済的達成より下位に位置づけられてこなかったか。

そしてケアに対するこの低い価値づけは，「ケアすること」が女性の役割とされてきたことと連動していた。例えば「競争と効率中心の社会では，病人や障害者や年寄は落伍者，敗残者，役に立たなくなった者であり，競争で勝ち抜こうとエントリーしている者にとっては足手まといであり，迷惑なお荷物である。そして，そういうマイナスの価値指標を持った者の世話は，女性の性役割

としてわりふられ，福祉は基本的には迷惑の共同負担と自分たちの身にふりかかったときの保険」，「歴史的に黙々と果たされ，蓄積されてきた，女性によるケアの経験を，男性への従属を構造づけている回路から解放し，男女両性がかかわるべき日常性の倫理としての『世話（ケア）の倫理』の内実として構造づけることが，今日の取り組むべき哲学・倫理学の重要な課題である」と指摘されるように。「ケアすること」の脱「女性の役割」化が進むための一つの条件，あるいはそれと相伴うであろうこととして，人の営為としてのケアが正当に価値づけられていくことがあるのではないか。

　そうしたケアの価値の回復は，ケアに関する思想の深化，ケア観の成熟なしにはあり得ない。ギリガンの「思いやりの倫理」（ethics of care）の発展に関する考察や，本章―1の④，⑤に引用した諸家の指摘，そして私のケアの定義にも容れたように，成熟したあるいは本来のケアとは，自分の欲求・必要にのみ関わる（自閉する自己）のでないことはもちろん，自分はさておき他者の欲求・必要に応じようとすることでもなく（人に尽くす的ケア），自分と他者の両立を指向するものなのではないか。日本人の一般的なケア観は，未だ多分に「人に尽くす」的なそれであり，そうしたケア観は成熟するに至っていないように思われる。個々人が，自分への責任を放棄せず，かつ他者のケア，他者への責任を果たそうとすることができるような主体，つまりは市民として育つことである。

　ケア観の成熟，ケアの正当な価値づけに相伴うに違いないもうひとつのことは，それらに裏打ちされた社会領域の成熟である。社会領域を，国家セクター，市場セクター，市民セクター，個人・家族のセクターと分けてみると，日本においてもっとも未成熟であったのは市民のセクターではなかったか。市民のセクターは，NPO，NGO，ボランティアなどにその象徴を見るように，あくまで公権力からは自由な，個人の自由意思による，しかし私益のみを目的としない人々の活動によって形成される自律的空間である。市民セクターを動かす価値・原理は多様にあるが（多様性こそ市民セクターの真骨頂），自他の共存の思想としてのケアは，その大きな一つたり得る。

第4章　ケアの規範

②　役割から組み合せへ

「ケア役割」の発展的解消という場合，役割に対置されるべきは組み合せである。ここでは，家事労働を中心とする支払われない「ケア役割」についてそれを具体化してみる。これまで，支払われないケア（以下，便宜的に「家事労働」と記す）は，主に，個々の家庭における女性の役割，つまりは「主婦」というかたちで担われてきた。これの発展的解消のかたちは，以下(a)～(d) 4 次元の，その時々の個人と家族の状況と意思にもっとも合った配合での組み合わせ，として具体化し得る。4 次元とは，(a)家族内での，家事労働の状況対応的な分業（特定の人の固定的役割でなく），(b)給付，直接サービスの提供などの公的制度，(c)近隣や知人間の個別的な，あるいは非営利の組織を介した協同・互助，(d)商品化されたモノやサービスの購入，である。

(a)は，成員の生存と生活の質の確保のために個人・家族が行う家事労働を大きな一部として含む私生活，自己決定の表現形としての私生活を，権利として実質的に確立していくこと，また，労働市場における労働力の性別使い分けの慣行の廃止，1日の就業時間の短縮など，家族内で家事労働が状況対応的に分業され得る条件が整えられることが言うまでもない前提である。(b)～(d)は，「家事労働の社会化」として一括できる。(b)は，いわば社会化の公的次元で，家事労働は，生存と生活の質，私生活の権利の確保に関わる私的労働であるが，同時に，例えば育児が次世代の育成という性格をもつように，社会的必要労働でもあり，家事労働のそうした側面をきちんと評価する，ということである。家事労働に対する公的給付は，未だ家事労働が多分に女性（「主婦」）の役割である現状下では，家事労働を女性の役割として固定する方向に機能することが懸念され，目下のところ私はその導入に賛成できないが，論理的には一つの選択肢である。直接サービスは，ホームヘルパーの派遣などがその典型である。(c)は社会化の"共"的次元，(d)は"私"的次元ともいうべき次元である。個々の個人・家族は，その時々の状況と意向に最適な配分でこれら4次元を組み合わせて家事労働を構成していくということだ。この組み合わせ態勢は，(a)の一様態として，ある局面で，家族員の一人が労働権の行使を一時保留し，家庭内

の「ケアすること」への専念を，そのときの家族の状況に最適なあり方として選択すること，(b)や(d)におけるケア・ワーク（支払われる「ケア役割」）の存在と矛盾しない。前者は，専従のあくまで状況的な選択であり，役割として固定されることとは違う。後者は次項で述べる。

③　支払われる「ケア役割」＝ケア・ワークについて

あることがらに関する知識や技術が集約されて一つの専門性を形づくる。例えば医療，看護，福祉，保育，心理などケアに関わる専門性もしかり。「ケアすること」が他者の欲求・必要性に自分を合わせていくという実をもつがゆえに，「ケアすること」の役割化が，一面で主体の空洞化とも言うべきリスクを孕むから，そして逆にする・されるの権力関係になり得るからと言って，ケア・ワークが否定されるはずはない。問われるべきは，どのような条件があれば，専門職（役割）としてケアに関わりつつ，この両極のリスクを回避し得るか，ということである。3点を挙げてみる。一つは，それが補助職でなく，独立の，つまり意思決定を内包した専門職であること，二つめは，それを担う個人の中に，他者をケアする力量とは異なる資質・力量が培われ，それとは異なる生活側面が確保されていること，三つめに，ケア・ワークに対する正当な社会的経済的評価，養成システムの見直し，現職が自分をケアしつつ職にあたり（後述），その専門性を深めていけるような制度の整備など，ケア・ワークをめぐる社会的条件整備が挙げられる。2点めの資質・力量としては特に，（語の用法としては正しくないが）"自分自身をケアする力量"を挙げておきたい。自分の欲求や感情や意思や経験と真向かい，それを処理していく（無意識の過程に預けることを含む）力量，あるいは自分に対する責任を果たす力量である。そのもっとも根底にあるのは，当然に自尊心（自己肯定感情）である。「ケアすること」が他者の欲求・必要性に応じていくことを実とし，そしてケアが人と人の相互性に関わることであってみれば，"自分自身をケアする力量"は，おそらくケア・ワークを職とする人に必要なもっとも基本的な専門性であり，これを欠いたケア・ワークは，その担い手にとっても（バーンアウト），サービスの利用者としてその人と関わる人にとっても，リスクが大きいと言えまい

か．現行の，種々のケアに関わる専門職の養成過程に，こうした力量の陶冶はきちんと位置づけられているか？　また，現職者が自他によってケアされつつ職にあたっていくことができるようなチャンネルは整っているか？　このことは問題化されてしかるべきと思われる．

注

(1) 濱嶋朗・竹内郁郎・石川晃弘［1997］『社会学小辞典【新版】』有斐閣：108．
(2) 浅野千恵［1996］『女はなぜやせようとするのか』勁草書房：238．
(3) 江原由美子［1995］「ジェンダーと社会理論」，井上俊他（編）『ジェンダーの社会学』岩波書店：29-60，40-41．
(4) 内藤和美［1999］「ケアとジェンダー——概念と視角と課題の吟味」，『群馬パース看護短期大学紀要』1(1)：14-25，17．
(5) 伊藤るり［1995］「ジェンダー・階級・民族の相互関係——移民女性の状況を一つの手がかりとして」，井上俊他（編）『ジェンダーの社会学』岩波書店：209-226，209-210．
(6) 新村出（編）［1991］『広辞苑』第4版，岩波書店：1095．
(7) 川本隆史［1995］「ケアと正義——フェミニズム」「介護・世話・配慮——〈ケア〉を問題化するために」，『現代倫理学の冒険——社会理論のネットワークへ』創文社：65-79，196-212，197-8．
(8) 袖井孝子［1996］「ジェンダーと高齢者ケア」，『女性学研究』4：89-111，91．
(9) 水野治太郎［1991］『ケアの人間学——成熟社会がひらく地平』ゆみる出版：19，21，24，45．
(10) 花崎皋平［1996］「ジェンダー・世話・共感」，『個人／個人を超えるもの』岩波書店：95-162，138，141，151．
(11) ライター，F.，稲田八重子他訳［1996］「よい看護ケアとは」，『看護学翻訳論文集（新版），看護の本質』現代社：125-132，126．
(12) 広井良典［1997b］「ケアって何だろう②　ケアする動物としての人間(1)」，『看護学雑誌』61(2)：150-154，154．
(13) 村田久行［1994］『ケアの思想と対人援助——終末期医療と福祉の現場から』川島書店：47-53，65，80．
(14) 木下康仁［1989］『老人ケアの社会学』医学書院：49，52，54，55．
(15) 池川清子［1991］『看護——生きられる世界の実践知』ゆみる出版：124．
(16) 鈴木智之［1996］「訳者あとがき」，ローチ，M.S.，鈴木智之他訳『アクト・オブ・ケアリング——ケアする存在としての人間』ゆみる出版：225-230，225-226．
(17) 土屋葉［1998］「〈家族のきずな〉とケアに関する一考察——全身障害者の『語り』を読み解く」，『研究紀要（国立婦人教育会館）』2：47-56，48．
(18) メイヤロフ，M.，田村真・向野宣之訳［1987］『ケアの本質』ゆみる出版：128，185．

⑲ 岸良範・佐藤俊一・平野かよ子 [1994]『ケアへの出発――援助のなかで自分が見える』医学書院：7.
⑳ 操華子 [1996]「解説―米国におけるケアリング理論の探究」, ローチ, M.S., 鈴木智之他訳『アクト・オブ・ケアリング――ケアする存在としての人間』ゆみる出版：206-224, 211.
㉑ ローチ, M.S., 鈴木智之他訳 [1996]『アクト・オブ・ケアリング――ケアする存在としての人間』ゆみる出版：23.
㉒ 広井良典 [1997c]「ケアって何だろう③ ケアする動物としての人間(2)」,『看護学雑誌』61(3)：252-258, 253-4.
㉓ 広井良典 [1997e]「ケアって何だろう⑨ サイエンスとケア」,『看護学雑誌』61(9)：874-880, 879.
㉔ 広井良典 [1997a]「ケアって何だろう① ケアの意味するもの」,『看護学雑誌』61(1)：54-59, 56.
㉕ 渋谷敦司 [1995]「高齢化社会の『病理』とジェンダー役割」, 日本病理社会学会『現代の社会病理』X, 垣内出版：31-53, 39.
㉖ 広井良典 [1997d]「ケアって何だろう⑧ ケアの市場化」,『看護学雑誌』61(8)：772-778.
㉗ 稲岡文昭 [1997]「看護の叡智――ヒューマンケアリングの実践に向けて」,『日本看護科学会誌』17(2)：1-10, 4.
㉘ 山田昌弘 [1994]『近代家族のゆくえ』新曜社：65-7, 69, 79.
㉙ 渋谷敦司 [1993]「フェミニズムの視点からみたコミュニティ・ケア政策の問題点」,『茨城大学地域総合研究所年報』26：5-24, 17.
㉚ 山田昌弘 [1995]「家事は妻の愛情表現？！」,『日本経済新聞』1995.5.31夕刊
㉛ 総理府男女共同参画室 [1998]『平成10年度男女共同参画白書』大蔵省印刷局：23, 59.
㉜ 読売新聞社 [1995]「『男らしさ』『女らしさ』世論調査」,『読売新聞』1995.12.4：58.
㉝ 日本看護協会出版会 [1998]『平成10年 看護関係統計資料集』日本看護協会出版会
㉞ 内藤和美 [1994]『女性学をまなぶ』三一新書
㉟ 内藤和美 [1996]「ケアの論理をつくり直す」,『学苑（昭和女子大学紀要）』677：10-24.
㊱ 内藤和美 [1997]「女性学から家庭科教育へ――性別を問題にするということ」, 内藤和美他『豊かな家庭科教育――衣・食・住から福祉まで』教育図書：54-82.
㊲ ギリガン, C., 岩男寿美子監訳 [1986]『もうひとつの声』川島書店：246.
㊳ 伊藤セツ [1990]『家庭経済学』有斐閣：197, 217.
㊴ 細谷実 [1995]『性別秩序の社会――ジェンダー/セクシュアリティと主体』マルジュ社
㊵ ミース, M., ヴェルホフ, C.V., トムゼン, V.B., 古田睦美・善本裕子訳 [1995]『世界システムと女性』藤原書店

⑷1)　「夫（恋人）からの暴力」調査研究会［1998］『ドメスティック・バイオレンス——夫・恋人からの暴力をなくすために』有斐閣：39-40，42．
⑷2)　経済企画庁［1998］『平成10年度版　国民生活白書』大蔵省印刷局：93-103．
⑷3)　佐藤卓利［1995］「『日本型福祉社会』と家族」，基礎経済科学研究所（編）『日本型企業社会と家族』青木書店：119-141，124．
⑷4)　春日キスヨ［1997］『介護とジェンダー——男が看とる女が看とる』家族社
⑷5)　岩本美砂子［1995］「女性センターとジェンダー」，『かながわ女性ジャーナル』13：45-58．
⑷6)　内橋克人［1995］『共生の大地　新しい経済がはじまる』岩波新書
⑷7)　金子郁容［1992］『ボランティア——もうひとつの情報社会』岩波新書
⑷8)　中村陽一［1998］「ボランタリーな市民活動と新しい地域づくりの可能性——『NPOと内発的発展』序説」，都留文科大学社会学科（編）『地域を考える大学——現場からの視点』日本評論社
⑷9)　古田睦美［1995］「女性の社会活動とジェンダー」，『かながわ女性ジャーナル』13：58-73．
⑸0)　杉本貴代栄［1997］『女性化する福祉社会』勁草書房
⑸1)　杉本貴代栄［1998］「福祉国家と家族」，『研究紀要（国立婦人教育会館）』2：13-22．
⑸2)　杉本貴代栄［1999］『ジェンダーで読む福祉社会』有斐閣

第5章　買春肯定論の陥穽

大越愛子

1. 売春化される身体

「真っ昼間に男が近づいてきて，いきなり3万円でどうだと聞いてきた。一瞬ぼう然として，すぐ断ったら，嫌な目つきをして残念そうに向こうへ行った。ほんとにむかつく」。

ある小さなミーティングの部屋に駆け込んできた若い女性の第一声である。それが口火となって，「私もよ」「私も」という話がどっと噴き出した。ある女性は，自分の身体が売春化される身体であることをリアルに突きつけられた時のショックを語りながら，それ以来自分の身体が自分のものではないという奇妙な感覚に襲われ続けていると述べた。彼女は，自分の身体が売春化されることにノーという意思表示をしたのだが，そうした意思表示をする自分と売春化の視線にからめ取られた身体の乖離に不安を感じるという。

上記のエピソードは，現在の性に関する議論にある照明を与えているように思われる。個人の性的自己決定権の一つとして「売春する自由」の問題が，現在社会学者を中心に目新しげに論じられている。そこに欠落しているのは，「売春する自由」，「売春しない自由」を自由意思で決断しようとする当の個人の身体は，すでに売春化する視線の中にさらされているという問題である。売春肯定論者は，売春に否定的な性意識を偽善的と批判して，「売春する自由」を主張するスタンスをとるが，そこに明らかな転倒がある。[1]

その転倒とは，「売春に否定的な性意識」が「売春に肯定的な性意識」と相

対立する二元論を構成しているような語り口に見出される。売春否定論は実は後者の売春肯定パラダイムの内部で創り出されたものにすぎず，むしろ後者を隠蔽する役割を担っていたと言えるからである。「売春に肯定的な性意識」の方が現代の性文化において主流であるにもかかわらず，それが暗黙の了解にとどめられているのは，買春享受者の恣意に基づく「売春化される存在」と「売春化されない存在」への女性の分断のためである。彼らは，みずからの権力支配の維持のために，「売春化されない存在」を囲い込み，彼女らを特権化することで，売春を否定する側に対してもいい顔を見せるのである。

　売春を肯定する性パラダイムそれ自体を問題化することは，フェミニズムの興隆まではほとんど存在しなかったと言ってよい。それまで存在したのは，「売春婦を蔑視する性意識」であった。このことは，「買春を必要とする性欲のあり方」が問われたことがなかったことを示している。「売春婦を蔑視する性意識」の代表とされるピューリタニズムは，「売春婦を欲する男根的欲望」を自明的前提とした上で作られた内部言説にすぎない。それは，すでに売春婦化された身体を蔑視することで，野放し状態の「売春化する視線」を不可視にする，男根的権力の技法なのである。

　前記のエピソードの中の女性は，「売春化する視線」を身体に浴びて，それを拒絶したい意識と売春化を強いられた身体との乖離に困惑したと述べた。彼女の場合は，実際には売買は成立しなかったのだが，その視線を浴びたとき，売買が成立したときに生じるような効果，つまり自分の意識と身体の分離を強要させられるという効果を受容してしまったのである。

　買春する性欲を不問にふす限り，売春化する視線は跳梁するわけだから，多くの女性はこのような意識と性的身体との分離をたえず強要させられてきたと言える。このような分離に対する違和感が頂点に達したとき，分断を拒絶し，自らの身体を自己自身のものへと取り返す女性の性的主体化の要求が生成してきたのである。これが，第2期フェミニズムで強く主張された女性の性的主体化，女の快楽の復権の要求である。

　第1期フェミニズムにおいては，買春を必要悪とする男性の性欲自然主義そ

れ自体に対する疑問は生じていなかったから，当時の売春反対運動は，「売春する存在」への蔑視にとどまっていて，そうした男根中心的性欲のあり方そのものを問い直す視点は欠落していた。「売春制度を生み出すものは何か」は問われないで，悲惨な境遇にいる売春女性たちの救済や性病対策が論じられていたのである。

　第2期フェミニズムの中で主にラディカル・フェミニズムが，売春制度を産みだした男性の性欲のあり方とその受容を強制されてきた女性の性のあり方を，つまり男根中心主義，強制的異性愛主義，性欲自然主義などを問題化した。女性の意志に関わりなく強要される「女性の身体の売春化」が結婚制度と売春制度を両輪として制度化されていることを明らかにすることで，そうした制度に組み込まれない女性独自の性的快楽を主張したのである。それゆえ彼女たちは現在の男根中心的な買春制度を否定したのだが，それは故意に混同されるように，実在する売春婦を否定したわけではない。性的快楽の守護神とみなされた聖娼婦への幻想が，女性原理の賞揚とあいまって，美的に謳いあげられる傾向にあったことを問題化したにすぎない。

　「売春化する視線」，「暴力的に屹立する男根」を拒絶した女性の快楽中心のユートピアを個人的に主張しても，前者がすでに構造化されている文化・社会体制において，女性の身体は「売春化する視線」を免れ得ない。聖娼婦もまた構造的搾取の中に組み入れられている。となれば，こうした文化・社会体制を逆手にとって，「買春する性欲」を煽り立てて，彼らの「発情装置」をおもしろおかしく分析し，買春男性を金銭的に搾取することを積極的に提唱する，才気走った戦略家が現れることも十分ありうる。

　男性の性的欲望の犠牲者としての「売春婦」から，買春男性の欲望を手玉にとるセックスワーカーへという売春婦観の転換は，一見説得力があるかのごとく見なされている。そして実際に「自分の意思で売春する」というセックスワーカーたちの発言も現れてきた。「売春する自由」論者たちは，直ちにそれに飛びついた。

　しかしながら圧倒的に男性が経済的・政治的・社会的・文化的優位を占める

権力構造の中で,「快楽を交換価値化する自由なセックスワーカー」が成立しうるとする主張も,幻想にすぎないと言える。売春化する視線によって買われた身体は,買春主体の恣意的欲望に委ねられ,暴力と性病と妊娠の恐怖にたえずさらされるからである。そのことは,強制売春の場合も自由売春の場合も,基本的に変わりはない。圧倒的に希な例外を盾に,この状況を過小評価することはできない。それは,売春の中にも存在する階級的差異を無視した議論だからである。

「売春化する視線」の跳梁が容認される体制の下で,「純粋に交換価値化した売春の自由」が個別的に主張されたとしても,それらは結局男性の欲望中心体制の内部へと回収され,それを補強する役割を担わされるだけではないのか。このような疑問が提起されたとき,問題とされるべきなのは,売春を肯定してきた性的システム,および文化・社会体制であることが明らかとなろう。そこからさらに次々と問うべき問題が現れてくる。

売春を肯定する性とは一体いかなるものなのか。そのような性の市場化が可能となったのは何故か。性の市場化によって女性の身体はどのように変容させられたのか。そして売買春を肯定する性言説は,いかなる背景から生み出されるのか。それに対抗するフェミニスト・エシックスを提起することが可能であるかなど。限られたページの中で,これらの問題を順次検討し,現在の「売春する自由」論がもつ陥穽を明らかにしていきたい。

2. 性的欲望の装置

「世界でもっとも古い職業」と言われる売春を,その起源にさかのぼって論じることは,本論の目的ではない。フーコーは『性の歴史』において,古代から現代におけるセクシュアリティ観の多様な展開の中で,決定的な変化が近代初期に見られることを次のように指摘した。

「17世紀,それは抑圧の時代の始まりであり,ブルジョワ社会と呼ばれて,我々もまだ完全にはそこから脱却していない社会に固有の,抑圧の時代である」[2]。

フーコーによれば，近代社会の性的抑圧は，性的言説の爆発という逆説的な形で現れている。それは，セクシュアリティの過剰な意識化ということを意味している。その意識化は，セクシュアリティを管理する，あるいは統制しようとする欲望の帰結である。

　フーコーは，近代のセクシュアリティの管理・統制化の要因として，近代資本主義による反快楽的な労働中心主義，国民国家の人口政策に基づく生殖中心主義，近代的自我主体のロゴス中心主義による身体支配の欲望などを挙げている。そしてセクシュアリティの管理・統制の実践の場として，彼が指摘したのが，近代家族である。

　フーコーは近代家族を端的に，「性的欲望の装置」と捉えている。これは，ルソーやヘーゲルが美化した性的差異に基づく倫理的共同体としての近代家族観が隠蔽していた，家族の権力の機能に着目した論点である。家族が，性的主体の形成の場であり，主体のジェンダー化を促進させる統制的権力作用の発現の場であることは，フロイトによってすでに指摘されていた。フロイトが解剖学的本質主義に基づいて自然化した近代家族が，全く人為的な装置にすぎないことをフーコーは暴いたのである。

　「18世紀に価値を与えられるに至った家族という細胞は，その二つの主要な次元——夫と妻という軸と親と子供という軸——の上に，性的欲望の装置の主要な構成要素が展開することを可能にした（女の身体，子供の早熟，出産の調整，そしておそらくより小規模にではあろうが，倒錯者の規定である）。家族というものをその現代的形態において，すなわち，婚姻の社会的・経済的・政治的構造であって，性的欲望を排除するか少なくともそれに手綱をかけ，可能な限りそれを弱め，それからは役に立つ機能しか保有しないものとして理解してはならない。家族は，反対に，性的欲望を根づかせ，それを恒常的な支えに仕立てるという役割をもつ。家族は，婚姻に与えられた特権と同質ではない性的欲望の産出を保証するが，同時に，婚姻のシステムが，それまでは知らずにいた一連の新しい権力技術によって貫かれることを可能にしていく。家族は性的欲望と婚姻＝結合の交換器である」。[3]

フーコーによれば，家族が性的欲望の開花の特権的な場とされたことで，性的欲望は異性愛的となり，「近親相姦的なもの」へと囲い込まれることとなったのである。このフーコー的視点を導入してフロイトを読み返すと，フロイトが家族内の性に固執した意味が明確になる。フロイトによれば，性的欲望の形成は，当初の自体愛的なものから対象愛へと移行させられ，その対象となる父・母という濃密な性的主体との交渉のプロセスの中で行われる。とはいえその交渉は，親密化と禁止という二律背反に引き裂かれたものである。幼児の欲望は母との親密な一体化を求めて発達するが，それは同時に父からの禁止によって否定されるからである。

フロイトは，父からの禁止がより強く働く男児において，母への愛情要求は挫折することを強調している。親密性への要求を自らに禁じた彼らの欲望は性器中心的なものとなり，その男根的欲望は家族の内部では満たされず，それゆえ外部に流失していく。他方父からの禁止の緩やかな女児において，欲望は親密性と一体化したものとして形成され，家族の内部にとどまることになる。性的欲望はジェンダー化されているのである。[4]

フロイト理論に依拠するならば，近代家族において，男児は対象愛的，異性愛的，性器中心的な欲望を育成していることになる。さらに彼らは母への欲望を近親相姦的なものとして禁じられていることを通して，その欲望対象として，「禁じられた身体」と「禁じられていない身体」の二分化を学習している。この場合，「禁じられた身体」への愛は不可侵であるが，「禁じられていない身体」に対しては性器中心的な欲望は無定形に拡大することが許されている。

このような家族を性的欲望の装置とする規範の成立は，同時に家族に回収されえない性的欲望を前提している。欲望されながら禁じられた身体が共生する場としての家族の外部に，「禁じられていない身体」への欲望が解放される場が広がるはずだからである。この二つの欲望は序列化されている。「禁じられた身体」は神聖化されているために，それへの男根的欲望は罪悪視される。他方「禁じられていない身体」は脱神聖化され，単なる欲望の対象として貶められる。

家族の内部で育成された男根的欲望は，近親相姦的な欲望の渦巻く場としての家族に愛着しつつ，そこでの欲望は抑圧されねばならないという自己矛盾から離脱するために，家族の外部に性的欲望を発現していくことを求める。原理的に言えば一人の男性にとって彼の家族成員以外の女性は全て禁じられていない身体となるわけだが，それでは無秩序が出現してしまう。それゆえ男性たちの暗黙の了解において，男性たちに守られた家族内部の女性は「禁じられた身体」と見なされ，他方男性たちの保護を受けない家庭外の女性は「禁じられていない身体」として，全ての男性の欲望に開放された身体と見る視線を甘受させられることになったのである。つまり売春化される身体への変容である。このような身体が市場に組み込まれると，近代的売春制度が成立する。

　他方女性の性的欲望に関してはいかなる言説があるだろうか。フロイト理論は，女性の場合，母の身体への欲望は自己の身体への欲望と繋がるために，欲望は性器中心的なものとなりにくく，むしろ自己愛的となると説いている。ジュディス・バトラーによれば，異性愛化への契機が希薄なところに，フロイトにとっての女性のジェンダー・トラブルがある。それゆえ彼は，女性が男性にとっての性的対象であること，そこにこそ女性のジェンダー・アイデンティティがあると認識させることが必要だと考えた。ここから，フロイトによる「ペニス羨望」「能動的クリトリスではなく受動的なヴァギナ・オーガズム」などの女性の性的欲望に関する神話言説が作り出されたのである。

　このような男性たちによる女性の性的欲望の神話の捏造が，女性の身体を，女性自身から遊離させることになる。つまり女性の身体は個々の女性の意識と関わりなく，「欲望をそそる性的身体」化させられているのである。その身体が，「禁じられた身体」であるか「禁じられていない身体」であるかは，いちおう制度的に分類されているが，しかしそれはあくまで恣意的なものにすぎない。女性を分類するのは，分類化された女性の本質によるのではなく，男性たちの欲望に満ちた視線によるからである。

　男性たちの恣意的な欲望が，対象化された女性の本質をパフォーマティヴに生成する。女性の「禁じられた身体」から「禁じられていない身体」への変換

は，女性自身の関知するところではない。ある女性を「売春する女性」とみなすかみなさないかの決定権をもっているのは，個別的な男性の眼差しである。彼の欲望の視線を浴びることで，女性の身体は，彼女自身から乖離して，売春化させられるのである。

　だがこのような個別的視線の権力を無化し，隠蔽するために，あたかも「売春しない女性」/「売春する女性」の本質的二元論があるかのごとく語られてきた。多くの女性もまたこれを内面化して，この二元論のどちらかに属することに自己アイデンティティを見出してきた。あたかも主体的に選択ができるかのように。だがそれはまやかしにすぎなかったのである。女性は，男性の決定権の前にすでに自分たちの主体性を奪いとられていた。その意味で，「女性」というジェンダーは「売春」化の視線の下にからめとられ，分断されてきたといえる。

3．性の市場化

　フロイトやフーコーが明らかにしたのは，近代一夫一婦制家族の内部で生成される男根主義的な性的欲望が，家族外部の性的欲望の装置としての売春制度を必要不可欠としているという倒錯した現象である。家族システムと売春システムは相互依存関係にある。近代家族が一般化した18世紀は，同時に買春施設が爆発的に増加した時期でもある。しかし近代的性モラルは，家族の性を上位におき，外部の性を下位におくという上下二元論を導入して，この相互依存関係を隠蔽した。

　家族の性を特に神聖化したピューリタニズムは，その典型である。生殖の性以外の性愛を罪悪視したピューリタニズムは，家族内部には快楽なき性愛を配分し，家族外部に「罪深い快楽の場」である買春施設を必要悪として認知した。そして家族の性へと配置された女性には快楽と無縁な純潔イデオロギーを強要し，家族の外部の女性たちには，彼らの男根的欲望をあるがままに受け入れることを求めたのである。家族の内部の女性たちは，性的快楽の欠落の代償とし

て，男性たちに対する純潔主義的人格的優位を誇り，男性たちは，その純潔主義に関する劣位を受け入れることで，家族の外部における快楽の享受を欲しいままにした。

　しかし女性を家族の内部と外部に分類する二元論もまた，それが維持されるかどうかは，男性の選択権に委ねられていたと言える。家族内の貞淑な女性を尊重するというピューリタン的建前とは裏腹に，家族内の女性は，単なる家具の一部にすぎないか，あるいは男性が外から持ち帰った性病を移され，性的不感症にされるかどちらかであった。決して建前で言うように，人格的存在として処遇されていたわけではなかったのである。彼女たちに可能な唯一の抵抗は，家族内部における性を拒否することであった。つまり彼女らに配分された性の希少化を受動的にではなく，能動的に選び取ることである。

　家族内のセックスレス化は，女性たちの性的可能性を閉ざし，夫に外部の性を享楽する口実を与えることでもあったが，自ら進んで罠に陥ることでしか，女性の人格的あり方が成立しえなかったのである。性を拒絶した精神主義的人格存在となることは，19世紀の女性たちが発見したピューリタン的自立方法であった。しかしそれは，他方に男性の欲望の恣意的な餌食となる女性たちの存在を前提として成立するものであった。それゆえ女性を「禁欲主義的淑女」と「売春婦」に二分化するピューリタン的純潔イデオロギーに対する，現代のフェミニズムからの批判は峻烈である。

　家族の外部の性に対しては，自由競争的市場主義イデオロギーが猛威を振るう。家族内での性的欲望の形成が，売春婦に対する需要を拡大したことはすでに述べた。それとともに近代資本主義体制が，売春女性の市場への大量の供給を可能にしたことも問題化せねばならない。

　近代資本主義体制の原始的蓄積段階において，もっとも自然的かつ，豊富な資源とみなされた人身売買が決定的な要因をなしていることは，資本主義生成時の隠された秘密といえよう。「白い奴隷」と言われた女性の性的奴隷売買は，大陸間を移動する大規模なものであった。誘拐や騙りで売り飛ばされた女性たちは，巨額の利益を奴隷商人にもたらした。

第5章　買春肯定論の陥穽

　売春は古くからある職業だが，しかしそれは女性なら誰でも可能とされた職業だったわけではない。女性の身体それ自体が無限の商品価値を生み出すことの発見があってはじめて，売春業が爆発的に増大したのである。その発見の前提となったのが，フーコーによれば近代市民社会における「前提となる性」というイデオロギーである。

　「おそらく以前から暗々裏に始まっていた逆転によって——それはすでに肉慾に関するキリスト教司教要綱の時代にそうだったが——我々は今や，幾世紀にもわたって狂気と見なされていたものに我々が何者であるかという理解可能性を，長いこと我々の身体の烙印であり傷であったものに我々の身体の充実した意味を，名付けようもない暗い衝動であると感じていたものに我々の自己同一性を求めるに至ったのだ[6]」。

　この場合の「我々」にはいうまでもなくジェンダーがある。家族の内部で隠微に育成された男性たちの欲望が，女性の身体に性的価値を見出したのである。彼らは女性の身体において性的充足をえることこそが「男性主体」を構成する重要与件であると見なし，それゆえあるがままの性的欲望を受け入れてくれる女性の身体をひたすら求めた。かくて男性の性衝動は，彼のアイデンティティの核であるゆえに，満たされねばならないものであり，そのために身体を差し出すことが「女性」の価値と主張する，近代的ジェンダー・イデオロギーが形成された。

　男性たちの欲望によって価値づけられた女性の身体は，資本主義経済の市場価値として有用となった。性的欲望をあるがままに受け入れる女性の身体に対する男性からの需要と，大量に都市に流入してきた売春女性たちの供給が一致することによって，女性の身体の市場化は促進された。

　家族内に閉ざされる「禁じられた身体」と，市場に売り出される「開放された身体」を共に欲する男性の性的欲望によって女性の性的身体が変容していくプロセスは，女性のセクシュアリティの形成過程を研究する現代のフェミニストたちの関心の的である。男性の欲望を引きつけることが，女性の身体的価値とされたところから，装飾や身体加工を含めた女性美が規範化されていった。

キャサリン・マッキノンのようにそれを女性の「性的客体化」と見なす論点とともに，近年は，疎外された労働化のプロセスと捉えるタン・ダム・トゥルンの論点が注目されている。

「要するに，女性のセクシュアリティが商品化される過程は，なによりも女性のセクシュアリティの価値にたいする認識の変化と結びついている。これは以前は，貞節，処女性，結婚，財産権などの観点から捉えられたが，少なくとも女性たちに，物質的安定を与えていた。新しい生産形態が導入されると，彼女たちのセクシュアリティの価値は変化し，彼女たちの労働は新しいかたちの財産となり，彼女たちは新しい状況下での生存の必要を満たしうる方法でそれを使うことを余儀なくされたのである。再生産機能は変化したのではなく，分解されたのだということは留意すべきである。女性にとって可能な選択肢は，金持ちの家族の身体維持に寄与するか，独身の男性労働者の性的維持に寄与するかのどちらかであり，後者の男たちは結婚にともなう責任をとることなく，定期的にこれらのサービスをえることができた(7)」。

女性が経済的能力を簒奪され，主体的に生きる力を奪われた近代資本主義社会の中で，女性の性的身体は，一人の男性に属するか，複数の男性の相手をするかの差異があるにせよ，商品化を免れ得ず，その意味で，それは労働する身体となる。一人の男性の独占物となることは，彼のための家事労働，生殖労働の担当者となることであり，それに対しては社会的価値づけが与えられている。他方複数の男性に開かれた女性は，それによって賃金をえる市場の性労働者となるが，その労働は不道徳で非生産的なものとして，社会的に貶められている。それゆえ家事労働者からの市場の性労働者への移行は，転落と見なされ，反対の移行は幸運と見なされたのである。

性的欲望の主体が男性であると同様に，近代資本主義社会において中心的労働とされるのも，生産労働に関与する男性労働であり，女性の労働は，家族内であれ，市場内であれ，周辺化されている。女性の家庭内労働，家事労働，生殖労働などが無償とされ，その経済的価値が奪われていることの不当性は，マルクス主義フェミニズムが指摘したところである。他方市場の性労働は賃金化

されているが，そのために有価値化されるのではなく，逆に貶められるという矛盾の中にからめ取られている。家父長的な法体系の下では，犯罪とみなされるという倒錯現象すら生じている。

　さらに問題なのは，女性の身体は，家族の内であれ，市場であれ，男性たちによる暴力，差別，虐待の対象となりやすいことである。それは，女性を自分たちに従属しているものとみなす男性たちの家父長制意識による。一人の男性に属することでドメスティック・バイオレンスの対象となるか，複数の男性への性労働によって，複数の男性から暴力，虐待，蔑視を受けるかの違いはある。一般的に後者のリスクの方が大きいのは，婚姻関係を重視して，市場化された性を法的保護の対象外におく，近代的法体系の自己欺瞞のためである。

4. 売春をめぐるさまざまな性言説

　男性の性的欲望が中心的位置を占有している近代的セクシュアリティの構図において，「女性」というジェンダーは，主婦と娼婦という表向きの分断にもかかわらず，根底的には男性の性的欲望によって客体化，商品化された存在として規定されている。20世紀半ばからのフェミニズムがこうした構図からの脱皮をはかったのは，当然のなりゆきと言えよう。

　自然と見紛うまでに自明視されていた男根中心主義的セクシュアリティの構図に異議申し立てを始めたのは，ラディカル・フェミニズムである。彼女たちは，男根中心主義を屹立せしめている純潔イデオロギー，また膣オーガズムの神話，性交中心主義がフロイトをはじめとする男性たちによって捏造されたものにすぎないと捉え，男性にもはや依存しない女性独自の性的快楽を模索し始めた。女性の自体愛としてのマスターベーション，女性同士の愛としてのレズビアニズム，女性の多形倒錯化，強制的異性愛の神話からの解放，女たちだけの親密な空間の創造など，女性の性的主体としての活動とそれに基づく理論形成が展開した。

　売春の是非も，このような女性の性的主体化の追求という論点から論じられ

る。アドリアンヌ・リッチによれば，売春とは，「男の性衝動とはすべてに優先し，統御がきかない」というイデオロギーの下で，女性を強制的異性愛へと閉じこめる男根中心主義的制度の典型であるという。

「強制的異性愛は，世界中の買春施設と〈エロス・センター〉の経営者や斡旋者の仕事を，やりやすくさせている一方で，家庭のかくされたところでは，それは娘に父親による近親姦/強姦を〈受け入れ〉させる働きをし，母親にはそういう出来事を否認させ，殴打される妻を虐待する夫のもとにとどまらせる。……抵抗しがたい，すべてを征服する男の性衝動とか，それ自体の生命をもつペニスとかいう神秘めかした見方に根ざして，法は女に対する男の性的権利をみとめている。その法は一方では，買春を普遍的に文化がみとめていることだからと正当化し，他方では家族内部での性の奴隷制を，〈家庭内の私事と文化的独自性〉を根拠にして擁護している」(8)

リッチは，異性愛的な欲望の充足を求める男性に対し，女性の性は必ずしもそれを受けいれるとは限らないこと，それゆえ女性を異性愛に取り込むためにさまざまな暴力的装置が捏造されてきたと主張する。リッチは売春に否定的であるが，彼女の議論をさらに発展させれば，異性愛や「正常」とされる性愛の形態にとらわれない，自由な性愛を追求する快楽の主体者としてのフェミニズムの方向が開かれる。売春もまた快楽の主体者にとっては，性愛の一形態であるとして，積極的に肯定するフェミニズム言説も出現している。

それは，男根への従属から解放された女性が，快楽の指導権を握ることで男性に快楽を伝授していくという逆ユートピア幻想である。自由な快楽の主体者である女性たちが，自らの欲望の虜になって苦しむ惨めな男性たちを救済するという，性的弱者論にたつ売春肯定論も説かれ始めている。男性の「売春婦」願望を逆手にとった戦略であるが，女性たちの主体的な娼婦化現象も，男性の欲望そのものを問い直す脅威とならない限りは，男性中心的構造を揺るがすには至らないだろう。むしろ女性の自由意志による売春の肯定という，今日的売春肯定論者に利用されやすい論拠を提示したことの意味の方が大きいのではないか。

第5章　買春肯定論の陥穽

　現在の性愛のパラダイムに貫通している権力関係を問わずして，売春もまた女性の主体的な性愛の一形態とみなす議論よりも，むしろ現実的なのは，売春を家事労働とともに資本主義体制の下でもっとも不当に搾取されている性的労働とみなす，マルクス主義フェミニズムの売春論であろう。それは，既成の男性中心的な労働観を転覆させて，最も搾取され貶められてきた女性たちの労働に光をあて，その根源的労働を通して，資本主義の何重もの詐術を解き明かそうとする取り組みである。

　資本家—男性労働者の対立によって隠蔽されていた無償の女性の家事労働の発見は，資本主義体制の最底辺にいる再生産労働者の存在を提示した。生産労働中心の市場システムを支える性的労働者としての売春婦たちは，男性労働者たちのストレスの解消あるいは暴力の発散の受け皿となっている。このような劣悪な労働条件の改善を求めた売春婦たちの闘争は，彼女たちの生存権の確保のためのみならず，資本主義体制そのものを揺さぶる意味をもつことにおいても，積極的に評価されるべきであろう。売春婦の闘争を支援するフェミニズムの立場を，ジョヴァンナ・デラ・コスタは，次のように述べている。

　「売春婦たちは，ついに直接彼女らの声を届かせて，彼女らの闘いが他の女たちの闘いのように資本によってすべての女に強いられている惨めな選択と縁を切ることを目指していることを明らかにし，それによって彼女らと他の女たちの間に橋を架けることに成功した。この運動が起こったどの国においても，売春婦たちが国家に対して突きつけた根本的要求は，売春の非犯罪化，およびその結果として警察官によるあらゆる種類の迫害，国家による彼女らの生活や子供の自分の手元に置く権利の管理統制に終止符を打つことであった……また売春婦たちは次第にいかなる男の管理—保護をも要求しなくなってきており，また男に服従することもできなくなってきている。そして，周知のように，生命の危険やもっともおぞましい奉仕の危険にさらされてでも，彼女らを虐待し恐喝する男たちを告発するにいたっている」[9]。

　このような売春婦たちの闘争は，男性優位の性的搾取社会の中で，最底辺に位置づけられた女性たちの闘争として，性的搾取構造を揺るがす効果をもつ。

それは男性の性的欲望とは，それが男根的中心主義的に構造化されたとき，いかに暴力的，差別的，虐待的となるかということ，そのような男性たちの恣意的な欲望に対して社会や国家は寛容であり，逆に暴力や差別，虐待を受ける売春婦たちの方が法的処罰の対象とされているという不合理を暴いているからである。

　売春婦たちの生存権，人権獲得要求は，売春婦たちを徹底的に貶め，搾取し，さらに犯罪化することで，自らを無罪放免としてきた近代的男根的性的搾取システムの醜い策謀を明るみに出す。売春を悪とすることで，女性の性を規制し，しかも買う男性を不処罰化し，売る女性を犯罪者化する圧倒的非対称性を法体系にもちこんだことの欺瞞性は，徹底的に追及されねばならない。

　このような売春婦たちによる男根主義体制解体に向けての人権獲得運動の意味を骨抜きにして，売春肯定論を立てているのが，宮台真司をはじめとする社会学者たちの言説である。彼らは売春女性が法的処罰の対象になっていることの不合理を指摘し，売春の自由を唱え，売春女性たちの味方であるかの如く振る舞う。しかしそこで決定的に問題なのは，売春が何故法的に犯罪とされたのか，そこで買う男性が不処罰とされ，売る女性が処罰の対象とされるという非対称性はいかなるイデオロギーに基づくのかを問う姿勢が皆無だということである。[10]

　彼らがそれを問わないのは，その問いは彼らが依拠している男根中心的性イデオロギーを揺さぶるものであることを十分承知しているからであろう。さらに言えば，性的労働を最底辺にして成立している現代の資本主義体制のからくりが明るみに出てしまうからであろう。それは自由競争をアリバイ証明としながら，実際は支配体制側，つまり先進国ブルジョワ男性階級の利益を徹底的に守るシステムなのであり，彼らを頂点とするヒエラルキーは慎重に隠されているのである。

　そのような見えざるヒエラルキーの中に個人の自由意志も囲い込まれている。自由競争の結果陥っていく罠は，一見主体的選択に見えて，見えざる権力関係の中によって誘導されているにすぎない。こうした近代市民社会の不可視の権

力構造について熟知しているはずの社会学者たちが，売春問題に関してのみ，あたかも自由意志や自己決定が可能であるかの如く論じるのは，売春を通して現れるジェンダー化された構造的暴力に直面することを恐れているからとしか考えられない。

とはいえ彼ら社会学者の言説戦略は，構造的暴力体制に否応なくはめ込まれている現状への闘いを放棄し，不安から逃避するためには，一定の効果をもつ。その限りにおいて，彼らのバブル的言説は，今後も流通していくであろう。だが一見ソフトな語り口の彼らの欺瞞的言説は，背景にある構造的問題を女性たちから隠蔽し，結果責任をすべて彼女ら自身に負わせていく点において，結局は女性たちを自縄自縛状況に追いこんでいる問題をもはや見過ごしてはならない。

5．買春体制と闘うフェミニスト・エシックスに向けて

男根中心的な性的搾取体制を揺さぶらない限り，女性たちの身体は，彼女たちの意図に関わりなく，売春化する視線にさらされている。しかしながら「売春できる身体」と「売春できない身体」の二元論が強固であり，その二元論を正当化する性的規範が依然として根強い欧米や，イスラームなどの社会においては，そうした視線の跳梁は制限されている。逆説的だが，自分に属する女性に他の男性から性的視線が浴びせられることを屈辱とする，禁欲的家父長制モラルが男性たちの間に生きているからである。

しかし先進工業国において，こうした性的二元論が最も解体され，男性たちの中で禁欲的家父長制モラルも失われている日本において，売春化する視線は女性たちの身体にあからさまに取りついていると言える。女性の価値は，男性にとっての性的意味によって序列化され，たえず値踏みする視線にさらされている。このような視線を内面化した場合，女性自身が自らの価値を若さ，性的魅力，ボディ・ラインによって判断し，性愛市場においていかに自分が高く売れるかにその関心を集中するようになる。

とはいえポストモダン的知の風化状況の中で，数々の男性中心的な性の神話の欺瞞が露呈されているのも，日本においてである。フーコー的意味においての性的欲望の装置としての家族は，企業中心体制下にある現代の日本社会において，性的主体形成の装置としてはほとんど機能していない。夫婦の性愛空間の希薄さのために，そこで育成される性的主体はむしろ空洞化していると言える。性的欲望の能動性が育たないままに，外部から流入される性情報を受動的に受け入れるしかないため，その性的欲望は断片的，一時的，即物的となり，生身の他者との快楽の交歓へと高まるまでに至らない。それゆえ満たされない欲望は，しばしば暴力的に発現する。

　他方，近代日本の出発点から，接待や取引の報酬としての売春が日本資本主義と癒着していた事情は，現在も変わらない。女性労働の一部として性的奉仕を当然視する性風土において，労働する女性を売春化する視線は野放し状態である。労働現場におけるセクシュアル・ハラスメント，性的接待の強要は日常茶飯事であり，それを拒否した場合，女性が労働市場に参入することは非常に困難なのである。

　売春に肯定的なフェミニズムも出てきているが，それらが，男性中心的な性規範を不問にふした上での議論ではないかと，問い直すことが必要だろう。日本の伝統的な遊郭文化の土壌を男性だけでなく，女性も愉しめばよいとする，性搾取の平等化戦略に基づくものなどは，やはり批判されるべきである。売春という性的労働の追求が，男性中心的な現在の体制を揺さぶり，解体させる可能性を秘めたものであるという，すぐれてマルクス主義フェミニズム的な議論が現在求められる。そうした中で，近代日本の買春体制を公娼制度・堕胎罪体制から売春防止法・優生保護法体制への展開として読みほどき，戦後女性たちが主体的に選択したかに見える売春防止法にこそ，女性の性搾取が集約されていることを指摘した藤目ゆきの論点は，実に鋭い。

　「売春防止法の制定は，戦後の〈女性解放〉の意義を問う際に，すこぶる象徴的に思われる。赤線従業員組合の女性たちは，政治の貧困の結果，どの職業にもまして疎外されてきた〈階級ならぬ階級〉としての自意識により，女を娼

婦化せずにはおかない政治の貧困を問い，その責任を犠牲者の側へと転嫁しようとする国家に立ち向かった。主婦と女性労働者，売春婦は同時代の同じ性的抑圧システムの中に生きてきたが，最も周辺化され疎外されてきた存在としての売春婦たちがその抑圧のからくりを最も鋭く問うたのである[11]」。

女性を経済的周辺に追いやり，文化的に蔑視し，娼婦化を強いる社会システムは不問に付されたまま，売防法は娼婦化の原因を当事者にのみ帰した。「買う男性の不処罰化，売る女性の処罰化」というジェンダー非対称的な法案は，日本社会の買春体制の温存に貢献した。女性の身体を売春化する視線は，自由放任とされたのである。

女性を売春へ追いやりながら，女性が売春すれば犯罪者化されるという何重もの女性の貶めに対して，女性たちの怒りの声が強まっている。女性をレイプしながら，レイプされた女性を貶めていた性規範を，もはや女性たちは甘受することはできない。売春女性をではなく，買春体制を告発するフェミニスト・エシックスが必要なのである。それは，あくまで売春女性たちの体験や痛みに寄り添いつつ，彼女たちの身体に刻印された買春体制の暴力を真正面から直視していくことである。売春女性の非処罰化，人権の獲得要求と買春体制に対する闘いは両立されねばならないのである。

現在の日本の女性運動の従軍「慰安婦」問題への取り組みは，そうした闘いの最も先鋭な形態と言えるであろう。暴力的に性的奉仕を強要されていた過去からくるトラウマに苦しむ元「慰安婦」たちをサポートし，彼女たちを再度貶める言説をまきちらす日本的男根主義体制，買春体制と闘うこと，そこにこそ，抽象的理念ではなく，奪われた人間的尊厳の回復を最重要視するフェミニスト・エシックスの生成過程があるということを，重ねて強調しておきたい[12]。

注
(1) 橋爪大三郎［1992］「売春のどこが悪い」他，江原由美子(編)『フェミニズムの主張』勁草書房，所収
(2) フーコー，M.，渡辺守章訳［1986］『性の歴史Ⅰ・知への意志』新潮社：25.
(3) 同上：139.

(4) フロイト，S., 高橋義孝他訳［1969］「性欲論三論」,『フロイト著作集』5，人文書院，参照
(5) バトラー，J., 竹村和子訳［1999］『ジェンダー・トラブル』青土社，参照
(6) フーコー，前掲書：196.
(7) トゥルン，T-D., 山下明子他訳［1993］『売春――性労働の社会構造と国際経済』明石書店：153.
(8) リッチ，A., 大島かおり訳［1989］『血，パン，詩』晶文社：80.
(9) ダラ・コスタ，G.F., 伊田久美子訳［1991］『愛の労働』インパクト出版会：140.
(10) 宮台真司(編)［1998］『〈性の自己決定〉原論』紀伊国屋書店，参照
(11) 藤目ゆき［1997］『性の歴史学』不二出版：422.
(12) 女性・戦争・人権学会編［1998］『女性・戦争・人権』創刊号，三一書房；［1999］同2号，行路社；［2000］同3号，行路社，参照

第 2 部

ジェンダー・エシックスと社会福祉実践

第6章　社会福祉と女性観

須藤八千代

はじめに

　今，筆者は横浜にある寿(ことぶき)地区というドヤ街を抱えた福祉事務所で働いている。6,346世帯（1999年7月現在）という保護ケースを抱え，さらに毎日800人から1,000人をこえる"ホームレス"がパン券，ドヤ券という法外サービスを受けに来る。それはあれほど口にされた豊かな日本というイメージを覆す日常である。そして，私たち「ケースワーカーと呼ばれる人々」の群れが働いている。
　小倉襄二は貧困問題を豊かな社会をまえにしてどのように論じるのか，「論証の右往左往もここ当分止むを得ない」という研究の座標軸の「崩落感」を嘆いている。しかし今の筆者の日常からは何か見落としていたのではないかと問いかけたくなる。それほどまでに「豊かな社会」はつかの間だったのだろうか。いま，毎朝，横浜市中(なか)福祉事務所を取り巻く貧しい人々の行列は，救貧法の時代の写真「ホワイトチャペル救貧院――門前に列をなす人々」と変わらない。研究の右往左往を許さない現実である。この光景を，不況という日本経済の変容の一過的な現象とみて，「豊かな社会」に思考を戻すこともできる。しかし，ここではそうしない。
　小倉は大阪のドヤ街釜ヶ崎の街並みの変化に，貧困研究の「崩壊感覚」を感じている。確かに毎朝，福祉事務所の前に並ぶ男たちは運がよければ明日は仕事にありついて「労働者」としての一日を過ごすかもしれず，また「出張」があれば数か月から数年，建築会社の下請けの飯場やアパートで月に20万か30万

第6章 社会福祉と女性観

程度の収入を得て，普通の暮らしをしているかもしれない。しかし，今は仕事にアブレて空腹でフラフラしながら，この列に並ぶ可能性のほうが大きい。

このように，日雇い労働者の相談にのってみると，現代の日本社会において，本人にさえ見抜けない貧困との関係の複雑さが見えてくる。

1. 『ニッポン貧困最前線――ケースワーカーと呼ばれる人々』と女性観

このことは「貧困問題」への接近が，政策においても研究の視座においても多元的な方法を必要とすることを示している。当然のことながら問題への視角は，自分の目の前の現象に限定されない。ただ視界を大きく移動させても見落とすものがある。私たちは現象化していないところにこそ，問題が存在するというパラドックスを忘れないほうがいいかもしれない。

すなわち，ここに並ぶのが圧倒的に男であるという事実は，女が貧しくないということを示していない。その検証から社会福祉が内包する女性観を問い直してみるのが本論の作業である。

小倉が豊かな社会を前にして「貧困の追求にはあやうい崩落感がつきまとっているのはなぜか」といい，「私たちは移行としてたしかに"少数者の貧困"という枠内でまず作業をすすめることになるだろう」と貧困論の「新しいフレーム」を示したのは，1989年の「"崩壊感覚"と貧困――福祉思想史の主題として」においてである。しかし，2年前の1987年の1月に札幌で39歳の女性の餓死事件が起きている。豊かな社会の到来によって，貧困が釜ヶ崎や寿のような辺境性をもつ地域の，特別な人々である「少数者の貧困」という新しい枠組みでとりあげるテーマになったのだとしたら，女性とはこのような辺境の場所にいる「少数者」なのだということになる。

「少数者」の問題は顕在化しにくい。杉本貴代栄は〈貧困の女性化〉現象が日本において「潜在的ながら進行している」として，この事件をとりあげている。そして潜在化させる日本の家族倫理を指摘した。

大沢真理は「札幌母親餓死事件」を「現代日本の企業中心社会の構造そのもの，その『豊かさ』と『福祉』の独特のあり方が表出したできごと」ととらえ，「日本型福祉社会」のジェンダー構造を見ている。すなわち「日本社会では社会保障のあり方も企業主義的であるとともに男性本位になっている」として次のようにいう。

> 「女性にとっての生活保障は，基本的には自分自身の，個人の資格によってえられるものではない。女性の第一の役割は，夫たる男性に家庭という基礎的な生活保障を提供することであって，彼女自身の生活は，夫が家庭という保障システムの外側にさらにどのような生活保障をもつかによって，付随的ないし反射的に保障されるにすぎないのである。」[5]

　したがって女性の貧困問題は，夫あるいはそれに代わる男性との関係という生活保障システムを視野に入れてみることになる。
　それにしても，まだ記憶も新しい時期であったにもかかわらず，餓死した女性の問題に社会福祉の貧困研究の視線が届いていないのはなぜだろうか。久田恵が『ニッポン貧困最前線——ケースワーカーと呼ばれる人々』[6]のなかで結論づけたように，それは「噓」であり研究の対象とならない個人的なできごとだとされたのであろうか。この「ノンフィクション」を，久田は「ワーカーという行政官の目を通して福祉現場の実状を描こうとの発想」で書いたという。ともかく39歳の女性の餓死という事実の文脈について，濃く記述したのはノンフィクション・ライターだった。
　「なぜ母さんは死んだのか？——札幌母親餓死事件の真相」[7]が福祉事務所のケースワーカーという行政官の目を通してまとめられた「真相」だとしたら，ここに描かれた女性観を社会福祉が内包する女性観の一つとして検討しておく必要がある。なぜなら女性は，生活保護を受けたこともあり，また，ただひっそりと死んでいったというのではなく，福祉事務所へ相談に来ていたという。まず餓死までの過程をこのノンフィクションの中から，エスノメソドロジカル

な視点で引き出してみよう。事件は次のように福祉事務所から札幌市民生局社会部保護課に伝わってきた。

「白石福祉事務所ですが。今朝，区内の市営住宅で39歳の母子世帯の母親が3人の子どもを残して亡くなりました。それが，検死した医師によって餓死の診断書が書かれて……」
「子どもは小学校4年と5年と中学2年の男で，元気です。ただ，マスコミが，そのことで動いています。母親の名前は佐藤百合子。福祉事務所に相談に来ていた，ということで……」
「相談に来ていた？」
「ええ，申請に至らず帰っています」(8)

　福祉事務所の初回の相談場面における，「相談」と「申請」との関係に絡む曖昧さは，制度的文脈における成員たちの方法＝エスノメソドロジーを分析することによって明らかになる。大沢のいう「原則としてはきわめて包括的な公的扶助制度を，実施面でできるだけ限定する」(9)やり方の実施面とは，ここでの「相談」の会話の相互作用の中にある。それを明らかにするには，さらにこの女性と面接担当ワーカーの細かな相互行為の文脈を分析しなおす必要がある。しかし実際のところ，このような「そのとき―そこ」での現象は，行政の「守秘義務」を根拠として，今まであまり明らかにされたことがない。
　女性は福祉事務所に相談し，母子寮に入り，生活保護を受けるという経験を数年間した人である。一般的にはあまり知られていない社会福祉の方法を熟知している彼女が，周囲の人が強く勧めてもなかなか相談に行こうとしなかった。
　しかも「手厚い保護と指導によって自立に成功した，母子世帯の優等生として報告されるケース」(10)と福祉事務所は評価している。しかし彼女はその頃，仕事も止め，家賃や社会保険，児童扶養手当，児童手当，医療助成などそれまでやってきたあらゆる社会福祉サービスといわれるものの手続きを放棄して，生活全体を手放そうとするような状況のなかにいた。

「額が広く化粧の濃い，いかにも気の強そうな40代半ばの女性」と，行政マンの目から不愉快な女性として記述される「照子」から，「本人は目下ノイローゼで事務所に行けないのでワーカーに訪問してほしい」と要請があり，地区担当のケースワーカーが訪問し「相談」に来るよう言った翌日，女性はようやく福祉事務所に来ている。

その時のやりとりはつぎのように記述されている。訪問したケースワーカーはちょうど外に出るところで，初回のインテーク面接といわれるケースワーカーが対応している。そのやりとりを長くなるが次にとり出してみよう。

　ワーカーが百合子に現在の体調を聞いた。もう大丈夫だということだった。ならばこの世帯の問題は子どもの登校拒否にある，と判断した。その点を聞くと，今は学校に行っているという返事だった。
「今，問題がないのなら，あなたはまだ若いのだし子どもも手が離れているのだからともかくまずは働くことが先決だよ」と百合子にはなしている。
　次に仕事のあてを聞いた。
「今まで勤めていた喫茶店に頼んでみますけど」と百合子が言った。
　続いて別れた夫に子どもの養育費を請求したか，と聞くと百合子は「そのことは前に保護を受けていた時，そっちで調べたでしょうが」と投げやりな言い方で答えない。しかたなくワーカーは事情を知るために，面接時にはめったに取り出すことのない廃止台帳を4階の書庫まで行って持ってきた。台帳を見ると，確かに百合子には保護歴があり，事情が詳しく記録されていた。前夫には5年前に福祉事務所が扶養照会をしており，住所が記載されていた。借金のへんさいを終えたら，養育費を払うと書いてあったので，ワーカーは百合子にその住所のメモを渡し，請求してみたらどうかと言った。払わないという念書を書いてもらっておくと後で役に立つからね，とも言った。その時，どんな言い方をしたかは覚えていないが，きつく言う場合には「家裁調停含む」と面接記録に記載するのにそうしていないし，いつも登校拒否など子どもの問題を抱えた母子家庭には優しく対応

しているので，冷たい言い方はしなかったはずである。[11]

　相談に来たが申請に至らずに帰った経過はこのようなものである。申請のために行ったにもかかわらず申請手続は行われず，働くことと，前夫にもう一度養育費をたのむようにという「助言」をもらっただけである。
　前日の訪問による説得に応じて申請しようと出かけてきた行動は，このように申請ではなく相談という言葉で「優しく」処理されてしまった。申請がない以上，この問題について不服申し立てをする権利もない。それでもこのノンフィクションの目となる保護課長は「なぜ，なりふりかまわず生活の困窮をワーカーに必死で訴えなかったのか」とその相談の結果を，女性の側に問いかけている。
　好井裕明はこのような「公共的な言説空間」での，「ひとびとの日常で生起する微細かつ些細，しかし意味に満ちた相互作用的できごと」に着目する[12]。生活の困窮を訴える言説が常になりふり構わぬ言葉になるわけではない。この文脈でいえば投げやりな言葉の後の沈黙が意味を生み出している。
　『エスノメソドロジーの想像力』[13]はつとに，このような社会福祉の制度的文脈のなかに「二重にも三重にも隠蔽された権力」を発見している。この女性は，母子家庭で子どもの問題がある時はやさしく相談にのり，またいつでも相談に来るようにいうケースワークが隠し持つ権力を読みとり，そこで管理される自分の生き方，一緒になって構築する「道徳的秩序」を拒絶した。さらに読みとられた意味とはなんだろうか。

2．社会福祉が内包する倫理

　社会福祉の座標軸として機能してきた生活保護は，法のもとの平等という正義と自律的に意思決定する近代的個人を前提に，労働による自活に価値を求めて成り立っている。しかし，この女性の餓死に至った経過に明らかなように，それは法を執行する側の立場を守る倫理でしかない。

日本の社会福祉制度はイギリスをモデルにしてきたといわれる。しかし1944年のベバリッジ報告を枠組みとした「近代主義的生活保障」の理念は，フェミニズムの視点から問い直されている。メアリ・エヴァンスは「ベバリッジ報告」によって戦後の女性観が集大成されているという。すなわち国家は次のような単純な女性観をもとに，社会福祉サービスを与えるか否かを決めた。

　1944年には──イギリスで『ベバリッジ報告』が刊行された年である──国家は「良い女」とは国家が保護の対象であると見なした女性，「悪い」女とは保護の範囲外の女性であると解釈するようになった。(14)

　病院の正職員として働いて，3人の子どもを育てている母親には，手厚い保護とケースワーカーの指導の成果として「良い」女の評価がつき，喫茶店に勤めて頑張らない女性は「悪い」女のレッテルが張られて保護の対象からはずされてしまう。1人の女性への対応において社会福祉が内包する倫理が極めて明確にあぶり出された事件である。
　この「ノンフィクション」はもう一つ，少し前に同じ地区で起きた生活保護を受けていた母子家庭の子どもの焼死事件を紹介している。「子どもが小さいのだからホステスを辞めるように勧めたが，彼女は『だったら自分で働いて子どもを育てる』と言って保護の方を断った」(15)。そこから見えてくるのも，社会福祉が権力的に押しつけてくる女性観に抵抗する女性である。
　「しんぐるまざーず・ふぉーらむ」会員の赤石千衣子は，「かわいそうな女」には温情として保護があり，「しっかりした女」は「しっかりしているから保護はいらない」という社会福祉が示すパターナリズムを経験を通して示している。先のなぜ「なりふりかまわず」窮状を訴えなかったのかという課長の「疑問」に対応するように，赤石がこぼした涙によって相談は申請に至った。しかし，自分の利用したい制度をレジュメにして示す女性は「かわいそうな女性」ではないと保護の対象とされない。これを赤石は「私たち母子家庭の目から見ると，温情をかける対象＝母子家庭を家父長的な視点でランクづけ，選別して(16)

いるのだって感じます」と当事者の言葉で語っている。このように当事者の立場から批判され始めた社会福祉の女性観に，社会福祉の研究が無自覚であるわけではない。社本修は「近代主義的生活保障システムの完成態＝ベバリッジ体制」が人種，ジェンダー，家族，階級という概念への問題意識から問い直されているとする。しかし，どのように問い直すのかまだ示されていない。

社会福祉が内包する倫理は，社会の成員によって揺らぎつつ形づくられていく。札幌母親餓死事件のマスコミ報道は，悲惨な結果を導いた福祉事務所に対する厳しい批判であった。また久田の「ノンフィクション」は，社会の規範を傘にして「働くこと」，「離婚した前夫に養育費を出してもらうようにすること」そして最後に「また相談に来るように言うこと」という，文句のつけようのない説明で行政の正当性を示すレポートである。そして，母子家庭の家にあった男性の衣類の紙袋や，その男性の覚醒剤にからむ服役という事実は，福祉事務所への批判と女性への批判のせめぎあう構造を作り出している。

清水浩一は生活保護をめぐるこのようなマスコミ報道の論調には，一方でこの事件のような保護行政への批判があり，他方で不正受給者への断罪という両方の顔があるという。そしてその二つの面から類推して，次のような結論を導いている。

> 生活保護受給者は一般市民の同情に値いする貧困者かつ正直者で，そのような基準で選択された受給者には手厚い援助を行うべきだということになろう。保護を受給する者は正直者でなければならぬ，というのは一概に否定はできないが，保護開始と引き替えにこのような規範を求めるとなれば，これは一種の差別の源泉に成り得る。保護の実施の適格性確認の厳密な調査を求めることはできても，保護受給者に特別な倫理を求めるのは再考を要する。

ここで保護申請に行った女性に求められた「特別な倫理」とは何かを確認してみたい。先程の相談の場面を読み返してみると，まず健康な大人として働く

責任を求め，次には離婚という，女性の生活保障を自ら手放した責任として養育費請求義務があるとする。しかし子どもの登校拒否のような問題がある時は，この限りではないという例外規定は子どもを養育する母親であることに特別な価値をおいているからである。したがって男性関係は，求められる倫理に反する重大な行為としてこの事件を締めくくることになる。

　このように，申請しようとする行為が相談にすり替えられるのは，法が明文化する条件を満たさないからではない。社会福祉が女性に対して求める「特別の倫理」を受け入れないからである。その押しつけられる「特別の倫理」に対して女性たちは，投げやりに答えまたは口を閉ざし，またドアを閉めて社会福祉を拒絶した。これが先の「課長」が連発する「なぜ」に対する筆者の解釈である。

　社会福祉が内包する倫理についてもう少し深めてみよう。

3．社会福祉のなかの女性観

　「女性福祉法を考える会」（代表世話人・金住典子）は，「『女と男の対等な関係（セクシャリティー）』を創造するという視点から」売春防止法をどのように改正していくかというテーマを掲げて1995年にスタートし，『SEXUAL HUMAN RIGHTS 11・12号合併号』を最後に休刊に入った[20]。

　「社会福祉は優れてジェンダー・イッシューだ」と言われながら，社会福祉に関してこのような研究グループはまだ多くない。したがって「女性福祉法を考える会」の問題提起は，社会福祉にとって重要な意味を持ったと考える。

　特にこの会が最後に示した「自己決定権と社会福祉サービスに関する基本法骨子・試案」を提案した弁護士の金住は，この冊子の中で社会福祉の恩恵的管理主義を厳しく批判している。男女の対等な関係を追求する法律家の立場から，女性の生き方を「母性」に閉じ込める法が網の目のようにあり，売春防止法にみられるように性の自己決定権を否定した上に，女性だけが処罰されたり補導されたりする現状を繰り返し批判している[21]。

また，社会福祉に関わる人々の女性観が「女性＝社会的弱者」「男性＝社会的強者＝抑圧者」という図式的な発想で，個人を弱者の側からしか見ない結果，人権や尊厳という人間の普遍性を認識できなくなっているとして，スウェーデンの社会サービス法の理念に啓発され，当初の「女性福祉法」という考えから，上記のような表現に到達したと説明している。すなわち福祉そのものが女性の自己決定権や尊厳という価値を損なう倫理を持ったものなのだという考え方である。[22]

「『女性福祉法』を考えるところから始まって，現在の到達点としては，女性の人権を真に確立するためには反対に『女性福祉法』という言葉を使っては障害になるという認識に至り」先の試案になったという。[23]「障害」とは，福祉の女性を弱者とみるまなざしであり，パターナリズムが女性を受け身にし依存的な関係にとどめてしまうという意味である。

このような考えは当然，社会福祉側のメンバーからの戸惑いを引き起こす。カッコつきではあっても「女性福祉法」というとき，「障害者福祉法」「児童福祉法」というようにそれぞれ対象を定義して成立する福祉という認識にはまり込んでいたからかもしれない。戸惑いはまた，社会福祉が十分に問い直してこなかったスティグマの問題や，保護することとの引き替えに押しつけてきた「特別の倫理」に対して，人間の尊厳と人権という根底的な思想をぶつけられた時の動揺でもある。しかしもう一つには，自己決定権という概念，また自己決定する自立した個人という女性像に到達できない現実も否定できないからである。しかし，その到達できない現実も，弱者としての女性という見方の固定性にあると金住は言う。

社会福祉のなかの女性問題研究の歴史はそのことを示唆する。女性の社会的地位の向上や労働条件，教育問題など「女性解放」という視座から進められた「婦人問題研究」の周縁領域と社会福祉研究が小さく重り合って女性の問題がとりあげられてきた。社会福祉における「基底としての女性の福祉問題」は，母子家庭と売春問題であった。[24]

そこに母性への重い価値づけと，「要保護女子」といわれた女性に向けた性

的規範に基づく非難という二極化した女性観がある。例えば大日向雅美は保育所入所基準の「保育に欠ける」という規定にある母性信仰を指摘する。1976年の「中央児童福祉審議会答申」が，女性が子どもを預けて働くことを「家計維持のために必須である」ことと「主体的選択」の二つに分け，保育所は前者に対応するものとしているのは，母性信仰と女性観がこれらの基準を正当化しているからだとした。[25]

早くから女性問題を社会福祉研究の中に位置づけた五味百合子は，売春問題こそが婦人福祉の基底にあると考え「売春問題」を「売春するもの，買春するもの，売春を強制するもの，買春を強制するものという四つの要因」で構成される社会構造から現象していると結論づけた。買売春が明治期から戦前・戦後を通じて国の政策として形成されたものであることを示す歴史資料によってこの問題の構造性を明らかにしている。

売春防止法がいう「要保護女子」とは「一般の婦女子を守る」存在であり，またキリスト教人格主義に導かれた廃娼運動も「娼妓の人権というよりも県内の青年をまもる」という思想だった。[26] 社会の防波堤として国が形成していった女性観が「要保護女子」であった。

しかも社会が防波堤としての必要性から存在を黙認する女性たちに，社会事業家山室軍平は次のような立場を示した。すなわち，

> 娼妓をするようなものは概ね無知で意志の弱いものである。境遇事情の圧迫からのがれることはできにくい。がこれを他の境遇に移し人間の大道を教えることができたら早く感化を受け善良幸福の婦人となる。[27]

五味の社会構造からの視点は，このような女性観をのりこえるものである。しかし，「要保護女子」が「対象者」と改められたのは，1999年4月の厚生省課長通知においてである。

赤石や金住は今，このような社会福祉の歴史が深く組み込んできたパターナリズムを批判する。金住は，女性の自己決定権を侵害するものとして「福祉」

という言葉を手放した。パターナリズムは赤石の言葉によって鮮明に浮き上がってきた。社会福祉とは何だろうか，もう一度初めに戻って考えなければならない。

4. 社会福祉と女性

　障害者運動は，社会福祉におけるパターナリズムや自己決定権の問題を当事者の視点から批判してきた。障害者の存在は中世の時代に遡って差別と慈善の対象であった。社会福祉の対象と規定されたこのような人々が，当事者運動のなかで主体として立ち現れたことは，社会福祉の思想に大きな転換をもたらした。それは援助される対象ではなく自己決定する主体として，援助者側が持たない経験を言葉にしたからである。

　しかし現在の段階において，障害者が自己決定する権利主体として実際の場面で行動してきたのかという問いに対して，谷口明広は次のように答えている。

　　現実に障害をもつ方々と接していると，彼らはほんとうに援助者と対等になりたいと思っているだろうかということを感じるわけです。サービスの受給者であるということの安定感――そこには甘えもあると思いますが――そのほうが楽だという状況が現実にあるわけです。（中略）福祉事務所に対しては，非常にパワフルな闘う当事者であるか，非常にかわいがられる当事者であるか，このどちらかでなければ得をしないという状況が現実問題としてあるのではないかと思うんです。[28]

　そして，闘うパワフルな障害者という生き方が生まれにくい社会の土壌の中では，かわいがられる障害者という生き方が障害者と援助者の間に育てられてきた。「女性福祉法を考える会」の論議の中にある自己決定権への弁護士と社会福祉関係者の温度差は，このような当事者像と現実があるからではないか。

　同じ座談会においてダウン症の子どもを持つ玉井真理子は，「当事者と非当

事者との間には決定的な温度差がある」として当事者の視点の大切さを強調する一方，女性の視点から大切な問題を提起している。それは障害児と母親の関係において，母親は子どもと一体になることを求められて当事者にさせられ，子どもは当事者であるが，母親は当事者になりえないということに気づくきっかけを奪われているということである。

　社会福祉のなかの母性主義は，母親と子どもの当事者性と非当事者性を区別しないままにきた。このような女性の側からの深い自省の前に，障害者による『母よ！　殺すな』という非当事者である母親への厳しい告発もある。それは社会福祉の母性主義への警告でもあった。障害者運動とフェミニズムが交錯した論考のなかで深められた女性観は，社会福祉の新たな基点になっていくと考えている。

　自己決定権やノーマライゼーションをスローガンに，当事者の存在を明らかにしてきた障害者運動が行き着いた「現在」を示す谷口の言葉は，社会福祉のパターナリズムを乗り越えようとする女性にも示唆を与える。

　赤石はまた次のような日常の経験を通して，社会福祉の女性観を浮かび上がらせる。福祉事務所に「ひとり親家庭休養ホーム」の申し込みに行った時のことだ。

　　とっても親切で，とってもやさしいんです。でもそれが私にとっては「私は対等な関係で見られていないんだな」っていうことをものすごく感じられたんですね。

　このような経験は障害者には終生つきまとうにちがいない。このように障害者運動から見えてきた当事者性の現実は，女性たちの当事者運動にも通底する。「女性福祉法」から出発して，「自己決定権と社会サービス基本法」にたどり着いた過程は社会福祉が払拭しきれないパターナリズムの裏返しの「やさしさ」を振りきるものだったと解釈している。

　やさしさが求めてしまう相手の従順さは，母親と子どもの関係において，障

害者と母親の間で，またケースワークの関係性において意識されなければならない。母子家庭の当事者グループや性的虐待，DV（ドメスティク・バイオレンス）の自助グループはこのような関係の構図を浮かび上がらせる作業の場所となっている。それは社会福祉のみならず社会全体のもつ女性観を照らし出す力になってきた。

　三品（金井）淑子は「社会の成熟とは，そうした受苦的存在の当事者が個人としてもグループとしても，エンパワーメントによって自らの状況を自らの手で変えていく主体として登場してくることにある」という。社会福祉におけるパターナリズムの克服と倫理的成熟もこのような当事者の声に深く耳を傾けるところから始まるだろう。

5．社会福祉とフェミニスト・エシックス

　先に述べたように，婦人問題研究と社会福祉研究の接点に「婦人福祉」（女性福祉）という研究領域が組み立てられてきた。そこでは，女性の生活保障をする夫の存在を座標軸に，それが欠損した「母子家庭の福祉」と，その自立モデルから「転落」した女性を「要保護女子」として社会福祉の対象とする「婦人保護事業」という二つの主要な婦人福祉問題の柱が立てられた。

　その二つで社会福祉は，十分に女性に対して援助の手を差しのべてきたと自負してきたような気がする。そのうえ，社会福祉は法に基づいて男女平等に，権利として保護の申請権を保障してきた。すなわち，

> （しかし）妻が夫婦関係の修復に努力しても離婚を回避できない場合，現行の福祉制度を活用することで新しい生活を始めることができる。社会福祉法による援護の措置は申請主義が原則である。したがって援護を必要とする者が自らそのことを申し立てねばならない。これは社会福祉受給権を請求権つまり権利と考えるからであって，権利である以上「その行使・不行使は各人の自由である」から権利者の自由意志に基づき申請がなされな

ければならないのである。すなわち給付の性格からみて請求権の行使を当事者の自由意志にゆだねたのである。またそれにより合理的な制度の運用が期待できる。このように援護の措置は消極的適用を原則とするものである。[34]

　女性を法的理念の観点からとらえた桑原洋子の思考の道徳的原則は，ギリガンの「男性的思考である『権利の倫理学』(ethic of rights) ないし『正義の倫理学』(ethic of justice)」に基づいている。[35]
　札幌の福祉事務所はこのような社会福祉の法的解釈と道徳的判断を根拠に，女性が生活保護の相談には来たが申請はしなかったと説明した。それが「当事者の自由意志」にゆだねられた公正な対応だと「権利の倫理学」ならば説明できるだろう。しかし，その結果は「母親餓死事件」となった。この物語の文脈をもう一度たどってみると，この法的解釈の欠落した部分が読めてくる。
　面接者は健康に特に問題がないことと，子どもに問題がないことを確かめた上で，働くように指導する。彼女は喫茶店で働くつもりだと答える。さらに離婚した夫に養育費を請求するのが公的な援助を求める前に自分でやることだと伝えている。それに対して女性は「そのことは前に保護を受けていた時，そっちで調べたでしょうが」と「投げやり」な言い方をしただけで，後は言葉を発していない。だから「しかたなく」，めったにださない前の記録を書庫から出してきたと記述されている。
　0歳，2歳，5歳の3人の子どもが9歳，11歳，14歳になるまで養育費が払われなかったという事実，また福祉事務所からの扶養依頼に対してさえ借金返済を理由に払われなかったという養育費に関する経過を前にして，父親には養育費を払う責任があるという公正性を追求する倫理と，その「文脈＝情況を踏まえた物語的な (contextual and narrative) 思考様式」からそれは実際には難しいだろう，もし彼女が働いたとしてもこの家族の生活は生活保護費によって補足されなければならないだろうという考えが，ケースワーカーのなかで葛藤したと推測したい。[36]

投げやりな言い方が示す行政のタテマエの非現実性に対する反発は、そのあと沈黙になって強い抗議を表現している。言葉を発しないことに強い批判を感じたからこそ、めったにしない前の資料を読もうとしたのだろう。ここには明らかに困窮する生活の実態を間にしてせめぎあう、ゆらぎあう関係がある。

マッキノンは、ギリガンの「ケアの倫理」とは、男性からの評価で生きてきた女性の生き方から出てくるものだと批判した時、次のように続けている。「力のない者は異なるしゃべり方をするだけではない。むしろ、しゃべらない。力のない者の言葉は異なった仕方で語られるにとどまらず、沈黙させられているのだ」(37)。この女性は力がない者というより、面接する相手の欠落した部分を見極める力を持って、口を閉ざしている。

ギリガンは「女性は、権利と責任を、人間関係の心理的論理を理解したうえで統合させていきます」(38)という。女性が批判しているのは統合されるべき「人間関係の心理的論理」の欠落である。

障害者運動の当事者は「かわいがられる受給者」としてサービスを受け、女性は保護の対象となる職業につき、母親として生きる従順な「良い」女性でなければならない。桑原のいう「当事者の自由意思」とはこのような「特別の倫理」を受け入れてこそ、認めてもらえるものになっている。このような女性観からの脱皮は、どのような相互関係から生まれてくるだろうか。それをこの論文の結びにしたい。

おわりに

岡村重夫は福祉とは「協同性だ」と定義した。同じ意味を認める人が集まって協同するネットワークなのだと語る。そして、わからない人を無理に連れてくることはないのだと「腹をくくった」と言い加えている(39)。その結果、「対象者と援助者」という二項関係を前提にして、パターナリズムを特質とする協同性が「社会福祉」として形成された。この現実を見て金住は、福祉という言葉は女性の自己決定権の実現の障害になると結論づけた。

しかし法的思考が示す抽象性や普遍性だけで現実は語りきれない。「自己決定権」や「対等な関係」という概念に入りきれない現実がある。沈黙や曖昧さ、戸惑いが示すゆらぎのなかにある現実を組み込んでこそ、法の理念は生きてくる。

すなわち、福祉という「協同性」はどのようにして実現されるのか、沈黙や戸惑いの内容はどのようなものかを語らずに、再び抽象的な法的理念に戻ってはならない。「自己決定権」に違和感を示す社会福祉の現実を、法的理念の圧倒的な力でおおい隠してしまう前に、もっと現実をさらけ出す作業が必要である。その意味で、久田の「ノンフィクション」は、はからずも一つの現実を明らかにしている。それをまだ社会福祉の研究者もエスノメソドロジストも十分にやっていない。

三品（金井）は人が生きる場面に不可避に生み出される支配／非支配の関係をのりこえる「共生の作法」は、障害者の運動の中で鍛えられたという。障害者運動を担った当事者たちは、権利と権利がせめぎあう場面をくぐり抜けて「共生の作法」を作り出した。

岡村がわからないひとを無理に連れてくることはないとしてしまったのは、社会福祉が力を持つ者とその価値観に従う者たちによる協同体として成立しえると考えたからではないか。事実、社会福祉の施設や、生活保護受給者と福祉事務所の関係は、このような協同体として理解することができる。

しかし三品（金井）がいうのは協同ではなく、共同であり共生である。そこには作法（アート）があるという。それは「自分の心の傷をいやすという最低限の合意さえあれば、痛みを抱えながらも居場所を分かち合い、つながり合うことが可能なはず」というメッセージや、「自分の意識のうちに丸ごと他者の占める場所を開けるゆとりを作る」こと、「理解できなくともくつろいでいられる相互関係をつくること」という作法によって維持される共同性である。

わからないものは無理に連れてくることはないと「腹をくくった」、先細りの協同性に比べてなんと成熟した共生の作法だろう。ただし、このような作法も自己決定力もたくさん失敗しなければ育たないことに多くの人は気がついて

いる。社会福祉における女性観の成熟に，ケースワーカーの失敗の経験を生かしたい。

注
(1) 小倉襄二［1989］「"崩壊感覚"と貧困——福祉思想史の主題として」，大塚達雄・阿部志郎・秋山智久（編）『社会福祉実践の思想』ミネルヴァ書房
(2) 金井一薫［1998］『ケアの原形論——看護と福祉の接点とその本質』現代社
(3) 小倉襄二［1989］前掲論文
(4) 杉本貴代栄［1993］『社会福祉とフェミニズム』勁草書房
(5) 大沢真理［1993］『企業中心社会を超えて』時事通信社
(6)(7)(8) 久田恵［1994］『ニッポン貧困最前線——ケースワーカーと呼ばれる人々』文芸春秋
(9) 大沢真理［1993］「現代日本社会と女性の自立」，社会保障研究所（編）『女性と社会保障』東京大学出版会
(10)(11) 久田恵［1994］前掲書
(12)(13) 好井裕明［1998］「社会問題のエスノメソドロジーという可能性」，山田富秋・好井裕明（編）『エスノメソドロジーの想像力』せりか書房
(14) Mary Evans, *Introduction Contemporary Feminist Thought*.（メアリ・エヴァンス，奥田暁子訳［1998］『現代フェミニスト思想入門』明石書店）
(15) 久田恵［1994］前掲書
(16) 赤石千衣子［1996］「シングルマザーの当事者として」，『SEXUAL HUMAN RIGHTS』3，女性福祉法を考える会
(17) 赤石千衣子［1997］パネルデスカッション「人権としての女性福祉を考える——パターナリズムから自己決定へ」，『SEXUAL HUMAN RIGHTS』9
(18) 社本修［1995］「社会福祉の歴史的展開」，古川孝順・松原一郎・社本修（編）『社会福祉概論』有斐閣
(19) 清水浩一［1997］「貧困・依存のスティグマと公的扶助」，庄司洋子・杉村宏・藤村正之（編）『貧困・不平等と社会福祉』有斐閣
(20) 『SEXUAL HUMAN RIGHTS』1～11・12合併号，女性福祉法を考える会
(21) 金住典子『SEXUAL HUMAN RIGHTS』5〔1996〕，7，9〔1997〕，10〔1998〕
(22)(23) 金住典子［1998］「『女性福祉法』から『自己決定と社会サービス基本法』へ」，『SEXUAL HUMAN RIGHTS』10
(24) 一番ケ瀬康子［1989］『女性解放の構図と展開』ドメス出版
(25) 大日向雅美［1988］『母性の研究』川島書店
(26)(27) 五味百合子［1968］「売春問題の展開」，日本社会事業大学（編）『戦後日本の社会事業』勁草書房
(28) 谷口明広［1999］座談会「当事者の視点に立つ障害者福祉の展開」，『社会福祉研究』

74，鉄道弘済会
(29) 玉井真理子［1999］『社会福祉研究』74，鉄道弘済会
(30) 横塚晃一［1975］『母よ！ 殺すな』すずさわ書店
(31) 赤石千衣子［1997］『SEXUAL HUMAN RIGHTS』9，女性福祉法を考える会
(32) 三品（金井）淑子［1998］「新たな親密圏と女性の身体の居場所」，川本隆史他（編）『新・哲学講義』岩波書店
(33) 一番ヶ瀬康子［1989］前掲書
(34) 桑原洋子［1995］『女性と福祉』信山社出版
(35) 掛川典子［1993］「フェミニスト・エシックスの諸問題」，『女性文化研究紀要』昭和女子大学
(36)(37) 川本隆史［1995］『現代倫理学の冒険』創文社
(38) Gillgan, Carol, *IN A DIFFERNT VOICE*.（キャロル・ギリガン，岩男寿美子監訳［1982］『もうひとつの声』川島書店）
(39) 岡村重夫［1989］座談会「社会福祉研究における思想と理論」，大塚達雄・阿部志郎・秋山智久（編）『社会福祉実践の思想』ミネルヴァ書房
(40)(41) 三品（金井）淑子［1998］前掲論文
(42) 菅井純子［1998］「高校生と創る性の授業」，『SEXUAL HUMAN RIGHTS』11・12合併号

第7章 ドメスティック・バイオレンスの社会問題化とエシックス
——女性が主体の異議申し立て運動

高 井 葉 子

はじめに

　夫が妻に暴力を振るうという現象がある。恋人が別れ話から相手に暴力を振るうという話もよく聞く。これまで，私たちは，男性が妻や恋人に暴力を振るうという現象を見聞きし話題にしていた。多くの人はそれを好ましいこととは思っていないとしても，問題だとは感じていなかったであろう。ところが，近年，この現象は，新聞やテレビでも「話題」としてではなく，「問題」，つまり「困ったこと」として取り上げられるようになった。
　メディアだけではなく，行政もこの問題を取り上げた。1995年，総理府は『男女共同参画に関する世論調査』を行ったが，そのなかで，「夫婦間暴力についての見聞き」を尋ねている（総理府，1995）。また，1997年，男女共同参画審議会は，内閣総理大臣の諮問を受け，同審議会に「女性に対する暴力部会」を設けた。そして，婦人相談員，研究者，シェルター代表などからヒアリングを行い（男女共同参画審議会女性に対する暴力部会，1998），1998年5月，『女性に対する暴力のない社会を目指して』と題する答申を提出した。地方行政レベルでも，この問題が取り上げられた。1998年，東京都は，行政として初めて「親しい間柄の男性からの暴力」の実態調査を行った。
　それでは，なぜ今，この現象が取り上げられるようになったのであろうか。また，問題への認識の変化とは，どのような変化なのだろうか。誰が，どのように，その変化を促したのだろうか。

本論では，私たちがこれまで見聞きしていた（つまり，知っていたという意味では「見えていた」）のに，誰も問題視しなかった「親しい間柄の女性に対する暴力」が，現在，問題として主張され，解決の方策が論議され始めたことに注目する。そして，その変化を「問題の構築」という側面から眺めることで，問題化の過程で挑戦されたエシックス（善悪の判断基準），および問題構築の過程に現れるエシックスについて論じることが目的である。この目的のために，本論では，①問題提起活動，②問題提起の場としての調査報告書の分析，③ドメスティック・バイオレンス問題とエシックス，という順序で議論をすすめる。

1. 問題提起活動

1） 欧米諸国での問題化

　「夫あるいは恋人の男性からの暴力：ドメスティック・バイオレンス」（以下「DV」と略す）は，1960年代後期から70年代にかけて，北米と英国で問題として取り上げられ，発現率調査や理論形成の試みが数多くなされてきた（Dobash & Dobash [1992], Walker [1984], Martin [1976]）。また，1972年，イギリスで最初のシェルターがコンシャスネス・レイジンググループによって開設され（Dobash & Dobash [1992]），反DV運動は女性への直接的な援助活動だけではなく，政策や制度の改変を求める運動として欧米諸国に広がっていった。

　吉浜によれば，当初，この現象は，「ワイフ・ビーティング／バタリング（妻を殴ること）」,「ワイフ・アビュース（妻の虐待）」,「スパウサル・アビュース（配偶者虐待）」,「ファミリー・バイオレンス（家庭内暴力）」などいくつかの用語で論じられていた。しかし，どの表現もこの暴力を的確に表すとは言い難かった。例えば，妻という語を用いると，恋人からの暴力や同棲中の暴力が含まれない。夫婦間，家庭内という語では，夫から妻への暴力という方向性があいまいになる。このような理由で，「ドメスティック・バイオレンス」という用語が採用されるようになった。この表現は，男性から女性に振るわれる暴力が，私的な場であるからこそ現れる男女の力関係の違いに基づいていること

を表している（吉浜［1995］, Dobash & Dobash［1992］）。

2） 日本における問題提起

　夫からの暴力という問題は，日本でも，1970年代，婦人相談所や女性のための相談センターなど援助の現場で，寄せられる相談の背景にある問題として認識され，被害女性を援助するための女性保護施設の設置が要望されていた（原田［1997］）。しかし，それ以降1990年代まで，この問題は，女性問題として取り上げられなかった。この欠落は，福祉と女性学研究との接点が欠けていた（杉本［1997］）という状況や，女性問題研究者の関心が公的領域における不平等の問題や家族における性別役割分業批判に集中し，暴力的な男女関係は日本では少ない，あるいはあっても特殊な関係だとするバイアスによるものかもしれない。

　ようやく，1990年代，日本でも欧米諸国と同様の問題があるという主張が現れた。その時，ドメスティック・バイオレンスという用語は，カタカナ表記で，1980年代に日本で問題となっていた「家庭内暴力」とは別の問題を指す用語として用いられるようになった。同時に，欧米諸国で行われた研究が紹介された。なかでも，レノア・ウォーカー（Walker［1984］）の研究の中にある，虐待のサイクルに関する「暴力のサイクル理論」，虐待を受けた女性（バタード・ウーマン）の心理に関する記述，なぜ女性が虐待的関係から逃れようとしないのかについての説明の一つとして「学習性無力感」という概念が，日本の女性の状況を理解する際にも採用されている。その他，身体的な暴力と非身体的な暴力とが，互いを支えあいながら女性を支配し，暴力から逃れにくくする構造を示した「パワーとコントロールの車輪」（「夫（恋人）からの暴力」調査研究会［1998］: 14-18），虐待的な関係を「共依存」という観点から捉えるアプローチ（信田［1998］, 斎藤［1995］）などが，紹介された。

　日本において，この現象を「問題」として最初に取り上げたのは，1992年に行われた「夫（恋人）からの暴力」調査研究会の調査である（三井［1997］）。その後，日本弁護士連合会の調査報告書（1995）を始め，個人研究者による研究，

女性グループ，援助者グループによる調査研究などが発表された。

3） 日本における調査研究の手法——フェミニスト・アクション・リサーチ

　これらの調査研究は，単なる学問的な関心から始まったものではない。どの調査も，女性が主体となり，変革の主張という明確な政治的意志をもって行われた調査である。

　フェミニストが行う研究，あるいは女性学研究は，それ自体，変革への志向を内在しているという意味で，すべてアクション・リサーチと呼ぶことができる（杉本［1996］, Reinharz［1992］）。しかし，日本でのDV調査は，志向するアクションの形態，リサーチとアクションの結びつきの度合いという点で，より強いアクション志向をもった調査である。ここでは，ラインハルツが提示したフェミニスト・アクション・リサーチの五つの形態，①アクションと評価が同時進行する研究，②調査対象者の協力による研究，③ニーズ調査や発現率調査，④ニーズへの対応や問題解決の効果を評価する評価研究，⑤通説をくつがえす研究を参考に，アクション性の強いDV研究を三つ紹介する。

　「夫（恋人）からの暴力調査研究会」の調査は，日本でも多くの女性が夫や恋人からの暴力を経験していることを，女性自身の声を汲み上げることで明らかにしようとした最初の調査である。調査の過程でワークショップを開催する，調査結果の中間報告を行うなど，問題提起活動や調査結果の還元を同時進行で行っている（「夫（恋人）からの暴力」調査研究会［1998］: 4）。

　民間の援助団体が行った調査が，女性のための緊急一時避難施設（シェルター）を開設するきっかけとなった例もある。札幌市の女性団体「女のスペース・おん」がトヨタ財団の助成金を得て行った「北海道女性人権侵害調査」(1994)は，北海道でも暴力を受けながら援助を受けられない女性が多いという実態を明らかにした。この調査は，その後，道内初のシェルター開設に結びつき，札幌市の女性政策室を中心とした政策立案にも大きな影響を与えた。調査が，援助と政策提言に結びついた例である。

　また，トヨタ財団の市民活動助成を受けた「シェルター・DV問題調査研究

会議」は，民間 NGO のソーシャルワーカー，福祉事務所のソーシャルワーカー，行政担当者，（財）横浜市女性協会職員，研究者が作ったグループである。このグループが 2 年間にわたって行った 4 本の調査は，面接調査に協力を申し出た女性によるサポートグループの形成(1)，協力者の女性の意見を考慮した設計で行ったフィリピン人女性への調査とフィリピンでの職業訓練プロジェクトの立ち上げ(2)など，どれも明確にアクションとの結びつきを表明している。

　このように，日本における暴力調査は，①実情を明らかにし，②社会に広まっている無関心とそれを支える通説をくつがえすこと，③問題を広く社会に訴え，被害女性のニーズに応え政策提言や新たな活動に結び付けようとするフェミニスト・アクション・リサーチである。

　これらの研究調査に参加したのは，研究者だけではない。公的援助機関や民間の援助機関で働く援助者，女性センター職員，行政担当者など多様なバックグラウンドを持った女性が調査者として参加した。そして，研究の成果を，援助，教育，行政の現場に持ち帰ることで，暴力の問題を社会化した。また，DV の調査は，調査の目的を明確に理解したうえで，協力しようという自発的な情報提供者の参加がなければ成り立たない調査である。自らの体験を語ることで調査に関わった女性たちは，DV の社会問題化において，誰にもまして大きな貢献をした匿名性の高い問題提起者である。

4) 援助活動の活発化——民間シェルターの援助活動

　日本におけるシェルター（民間緊急一時保護施設）の歴史は長くはない。その開設は，1980年代後半に始まり，1995年の世界女性会議の前後に増えた。（財）横浜市女性協会が1994年に行った「民間女性シェルター調査」は，日米のシェルター運動の理念と実践をまとめた最初の調査である。この調査報告書 (1995) によれば，日本で最初の女性のためのシェルターは，1985年，神奈川県に開設された宗教法人「ミカエラ寮」と，翌年東京都に開設された「女性の家 HELP」である。しかしながら，初期のシェルターは，「かながわ女のスペース'みずら'」(1993) など，人身売買などで日本に来ていた外国人女性のため

に開かれたものが多い。また，シェルターの数も，1994年の調査当時，全国で7か所が確認されただけで，所在も東京都，神奈川県を中心とする関東近県に限られていた（(財) 横浜市女性協会 [1995]）。

　暴力被害を受けた女性のためのシェルターとして明確なアイデンティティを持つシェルターが増加したのは，1995年に北京で行われた世界女性会議以降である。その数も，1998年の時点で17か所あることが確認され，北海道から東北，中部，関西など地域的な広がりも見られる。

5） まとめ

　ここまでは，親しい間柄の男性からの暴力を社会問題化させる活動の中核となった調査研究活動と援助活動について概観してきた。スペクターとキッセは，社会問題を，「クレイムを申し立て，苦情を述べ，状態の改変を要求する」（スペクター&キッセ [1987] : 123）諸活動，つまり，異議申し立て活動の生起ととらえたが，問題を明らかにする調査研究の増加，女性を援助するためのシェルターの増加は，親しい間柄の女性に対する暴力という問題が社会問題化されたことを示す一つの指標といえよう。

　また，DVの問題構築は，自ら暴力の被害体験を持つ女性たちや，その女性たちと共に調査に携わった女性たちによってなされた。このことは，明治初期の女子教育問題，公娼制度問題，女性の参政権問題などの社会問題化と異なる点である。これまでの婦人問題における女性は，逸脱した女性，あるいは社会の進歩（近代化）に障害となる女性として位置づけられ，問題提起者というよりは，問題の起きる場であり，矯正や更生，改善や援助の対象とみなされていたからである。

2．問題提起の場としての調査報告書の分析

　先に，日本のDV調査研究は，「①実情を明らかにし，②社会に広まっている無関心とそれを支える通説をくつがえすこと，③問題を広く社会に訴え，被

第7章　ドメスティック・バイオレンスの社会問題化とエシックス

害女性のニーズに応え政策提言や新たな活動に結び付けようとするフェミニスト・アクション・リサーチである」と述べた（1.-3）参照）。調査研究活動が問題提起活動であると規定すると，調査報告書は調査結果を提示することで変革の必要性を正当化する問題提起の場（Baumann［1989］）である。ここでは，DVの社会問題化に際して中心的役割を果たした調査研究活動に焦点を移し，問題提起の場としての報告書の記述を，①実態の提示，②通説への挑戦，③変革への主張という三つのプロセスとして分析する。

　これらの三つのプロセスは，提起した問題の重要性と改変の必要性を聴衆に説得するための三つの手続きとみなすこともできる。ベストは，調査研究における問題提示の手続きを「問題の深刻さを示す証拠」としての「根拠（grounds）」形成，「根拠から引き出された結論を正当化するための提示の工夫」としての「担保（warrant）」提示，「介入，政策策定，援助など」の「結論（conclusion）」提示とした（Baumann［1989］）。これから分析する三つのプロセスは，問題提起のための手続きでもある。つまり，「実態の提示」は結論を導く根拠形成，「通説への挑戦」は根拠から変革の必要性を導く手続きを正当化するための担保の提示，「変革への主張」は構築プロセスの結論の提示である。

　分析に際しては，1992年から1998年までに行われた実態調査報告書5点を用いた。それらは次の通りである。（注　本文中の出典表示に際しては，カッコ内の省略形を用い，「：」の後にページ数を示す。）

1）日本弁護士連合会　両性の平等に関する委員会，1995,『女性に対する暴力』（弁）
2）フェミニストカウンセリング堺，1997,『夫・恋人（パートナー）等からの暴力について』（堺）
3）東京都，1998,『「女性に対する暴力」調査報告書』（都）
4）神奈川県立かながわ女性センター，1999,『「女性への暴力」に関する調査研究報告書』（神）
5）「夫（恋人）からの暴力」調査研究会，1998,『ドメスティック・バイオレンス』有斐閣（DV）（注：この研究書は，「夫（恋人）からの暴力」調査研究会

が1992年に行った調査結果をもとにして書かれたものである。）

1） 実態の提示
(1) 報告書が採用した調査方法と内容

　分析に用いた DV 調査研究はどれも，被害にあった女性たちへの個人面接あるいはグループ面接を実施している。面接の結果は，暴力の種類，暴力が起きた状況，年数，暴力を受けた時の感情や対処行動，救援行動を起こしたときの親族や友人，警察や援助機関の反応などの項目に分けて分析されている。女性たちの言葉は，「暴力の実態」として，その一部を取り出すという形で使われたり，リライトされた事例の形式で提示されている。

　報告書には，数的なデータも添えられている。調査参加者（暴力の被害者）と加害者の属性，社会経済的状況が，数的データに置き換えられ提示されている。しかし，統計的な手法による発現率調査を行った東京都の調査以外の報告書では，女性の言葉にそった暴力の実態と，DV に関する理論の記述が報告書の大部分を占めている。これらの報告書における①加害者像，②暴力のきっかけ，③暴力の種類，④暴力の程度，の記述を次にまとめる。（注：報告書すべてに，調査協力者である女性の言葉を用いたと思われる記述が数多く見られた。問題の構築過程を分析するという本論のアプローチでは，報告書に採用された女性たちの言葉や事例についても分析するべきであるが，女性たちが公表に同意したのは参加した調査のみであるという点への倫理的配慮から，それらを本論の分析対象とすることは避け，調査者による記述のみを分析の対象とした。）

(2) 暴力の実態の記述
〈加害者〉

　加害者の属性や社会経済的状況に関する記述には，「フルタイムの仕事をもつ」，「高学歴」（堺：15）という記述が共通して見られる。ほとんどの調査報告書に，女性たちが「配偶者・パートナーである男性の年齢，学歴，年収にかかわらず」（都：71）暴力を受けているという記述が見られる。性格に関する記述にも，共通する表現がある。「そとづらがよい」（堺：15），「外での社会生活，

職業生活はきちんとしていて」(弁：19) などである。
〈暴力のきっかけ〉
　暴力のきっかけについての記述は,「特に取り立てるべき原因があったのではなく」(都：84) に代表されるように,ささいなことから暴力が起こっているというものが多い。飲酒がきっかけという記述がある場合も,それがすべてではないことが,次のような表現で付け加えられている。
　「アルコールが必ずしも引き金ではない」(弁：19)
　「身体的暴力の原因を飲酒に帰してしまうことはできないが,酒を飲んで身体的暴力が振るわれることもあった」(DV：34)
　「酒と暴力は密接な関係があるが,(略)暴力は『しらふ』の状態でも充分に起こりうる」(堺：15)
〈暴力の種類〉
　暴力の種類については,身体的暴力が最も多いとされている (神：82)。「平手打ち」から「首を絞める」まで,暴力の種類が具体的かつ細かい項目に分類されている。
　また,従来暴力とみなすか否かの「グレーゾーン」(上野 [1994]) とされてきた「言葉の暴力」や「夫婦間の性暴力」,「経済的暴力」,「社会的隔離」などの非身体的暴力についても,「人格をおとしめる」(堺：58；DV：42) 暴力として,具体的な例とともに記述されている。
〈暴力の程度〉
　暴力の内容についての記述からは,女性たちが受けている暴力の多様性のみならず,その程度の「すさまじさ」(堺：34；DV：29) に関する記述が多い。
　単に身体が傷付くだけではなく,女性たちの精神面や行動面にも大きな影響を与えていると記述されている。暴力を受けてきた期間も長く,子どもにも影響が出ていることが次のように記述されている。
　「深刻な暴力を何度も受けたとする人が1～2％」(都：71)
　「自分自身への肯定的な評価が著しく低下」(堺：15)
　「身体的暴力は女性自身だけではなく,子どもにも及んだ」(DV：47)

121

(3) 通説の否定――「普通」の人が起こす「普通でない」暴力

　報告書の調査結果からは，暴力がある特定の家族や関係性にのみ起きているのではないかという家族と暴力に関する通説への挑戦を読み取ることができる。それは，次のような記述に現れている。
　「（加害者に占める）教員（の割合）が暴力団関係と同じ」（弁：18）
　「『議員』などをふくめ，ありとあらゆる職業の男性」（DV：27）
　「世帯収入は（略），1,000万円以上も30％あった」（DV：27）
　これらの具体的な職業カテゴリーや経済状況の記述は，暴力を振るう夫は学歴が低いのではないか，社会経済的地位が低いのではないか，もともと暴力的な問題を抱えた男ではないかという通念に対する異議申し立てのための記述であろう。また，教育レベルが高く，社会的，経済的な問題のない男性と女性が作った家族であれば，暴力の問題は起きにくいという家族や結婚に関する通念にも挑戦していると考えられる。「外見が優しそう」（堺）というような加害者の印象を表す記述は，結婚まで相手が暴力男かどうかわからない，あるいは，家族外の人間にとって家族の問題はわかりにくいということを示唆する。
　加害者に関する記述が，「普通」の男性，「普通」の結婚というように「普通」であることを主張する一方で，暴力そのものに関する記述は，「普通ではない」ことを訴えている。DV は，すさまじい暴力であること，「くり返される暴力」（DV：31）であること，普通の（ようにみえる）夫が，「身の回りにあるものすべてが凶器になる恐怖」（堺：35）を妻に与えていると主張している。
　ここで注目されるのは，暴力の種類に関して，拡大した定義づけが採用されていることである。従来，深刻な暴力とはみなされにくかった「言語的（心理的）暴力」だけではなく，「性的暴力」，「社会的隔離」，「経済的暴力」など，夫婦間の暴力としては，一般にはなじみが薄いと思われる分類項目が設けられている。そして，
　「『家にトイレがあるのに，有料トイレを使うのは損だ』など，女性を性欲処理の道具とみる言葉が女性を傷つけている」（DV：36）
　「（略）『おれが食わせてやっている』と言われた（40.3％）などと，多くの

人が経済的なことに関する嫌がらせを受けている」(堺：47)
というような記述は，暴力は，たとえ，それが非身体的なものであっても，女性たちを「心身ともに傷つけている」(DV：38, 55；堺：40)として，新しいカテゴリーの暴力性を説得している。また，非身体的暴力の与える影響の重大さとして，ストレスによると思われる身体的諸症状，自己評価の低下，性格の変化など，具体性をもった記述がなされている（DV：50-60）。

(4) 再定義化，新しいカテゴリーと新しい用語の導入

暴力を「問題」として提起した調査報告は，女性たちの「体験」の記述によって，親しい間柄の暴力が日本にも存在する現象だということを明らかにした。さらに，これらの女性たちの経験は，この暴力が「普通」の家庭で「普通」の男性が振るう暴力であることを主張し，暴力的な関係は特殊な事例ではないかという見解を否定した。

さらに，その暴力は，「犬も食わない夫婦喧嘩」，「痴話喧嘩」，「けんかも仲の良い証拠」という表現に見られるような「普通」の暴力ではないとする「再定義化」が行われている。この「再定義化」とともに，これまで暴力とみなされなかった夫婦間の性的強要や，経済的剥奪，言葉の暴力，社会的関係の剥奪などの非身体的暴力も，暴力行為の新しいカテゴリーとして提示されている。

普通の関係で起きる普通ではない暴力という再定義化と，新しいカテゴリーの導入による定義付けの拡大によって，それまで家庭の中での「もめごと」の領域を出なかった夫婦間暴力は，「ドメスティック・バイオレンス」という新しいカタカナ表記の用語を与えられ新しい問題として提示されたのである。

2）変革への要求

家族と暴力に関する通説への異議申し立ては，DV は，相手が夫でなければ当然犯罪とみなされるほどの暴力を女性に与えていると主張する。そして，それゆえに，第三者にとっても見過ごすことができない問題であるという主張につながる（堺：34)。「救急車で（略）運ばれたり」(DV：51)，「後遺症が残る」(DV：33) など，公的援助（例えば救急車）が要請されたことや，一過性のも

のではない影響（例えば後遺症）があったという経験を記述することで，説得力を持つ主張となり，改変が必要な社会問題として提示されていく。

女性たちが受けている暴力が，社会的制裁に値する内容と程度であるという主張は，それが普通の家庭で起こっているという主張と重ねることで，これまで家族という私的領域においては干渉しなかった警察，ソーシャルワーカー，医療機関などに対して，より積極的に対応するようにという主張（DV：159），医療機関，家庭裁判所，行政機関など問題解決や救援行動の窓口に対応の改善を求める主張（堺：117-131），社会の認識の変化を求める主張につながっていく。

3) まとめ

DV の調査報告書の記述は，女性たちの体験として提示されることで，現実の問題となった。また，普通の家庭で起きている暴力の凄まじさの記述は，それが犯罪として扱われるべき種類の行為であること，あるいは被害者救済のための公的支援が必要だという主張にとって強い説得力となる。DV が社会問題であるという主張は，現実の提示，再定義化や新しいカテゴリーの導入による通説の否定という手続きを経て，行政を動かすほどの問題として構築されたと言えよう。しかし，この問題構築の背景には，もう一つのエージェントがいる。それは，この問題を受け入れた一般社会の構成メンバーの存在である。

上野加代子は，フィンケラー（1983）の「家庭内で起こるいかなる虐待も，それらの数が最小限になり，そのようなことはもう決してひんぱんには起こりそうにないと信じられた時点で，社会問題として出現してきた」という言葉を引用しつつ，児童虐待が社会問題化した背景には，子どもの健やかな成長には愛情ある親子関係が必要だという「共通理解」が社会にできあがったことがあると述べている（上野［1996］：9）。

DV が社会問題として取り上げられた背景にも，夫婦は愛情によって結ばれるべき，あるいは男は女に暴力をふるってはならないという近代的な夫婦観や家族観があったと言えよう。普通の夫婦や普通の男女関係であるならば，男が女に暴力を振るってはいけないという共通理解があってこそ，普通の夫婦に起

きている普通ではない暴力が人々の関心を呼び，社会問題として取り上げられたのであろう。

3. ドメスティック・バイオレンスの社会問題化とエシックス

1） 私的領域と暴力をめぐるエシックスへの挑戦

　DV という新しい言葉によってリアリティを得た夫婦や恋人間の暴力という現象は，「普通」の家族，「普通」の夫婦というイメージの裏にある虐待的な力の行使という事実を提示することで，家族に関する従来の想定，公的領域と私的領域の想定の変更を要求している。ここでは，DV の問題提起によって挑戦された，私的領域に関するジェンダー化されたエシックス（善悪の判断の背景にある想定というほどの意味でここでは用いる）について考察する。

　暴力は，力の行使の一形態である。力の行使は，支配のための手段の一つとされる。しかし，近代国家においては，支配の手段としての力の行使は国家によって管理され，個人間の力の行使は法による介入と統制を受けてきた。一方，家族など私的な場あるいは個人的な感情が支配する場は，死など重大な結果をもたらさない限り，力の行使を暴力とみなすか否かの判定は，当事者の判断と力の行使がおきる文脈に依拠してなされてもよい場として公的権力の介入から自由な場とみなされてきた。つまり，個人が是非を判断すべき（しても良い）場とされてきたのである（渥美 [1993]）。

　しかしながら，このことは，私的領域でおきる力の行使に関するモラル上の判定をする権利が，そこに属するメンバー，あるいは当事者に平等に配分されていたということではないだろう。力の行使に関する判定においては，被害者を含めた当事者の判断というよりは，実行者の判断が優先され，意味づけについても，実行者の目的論的意味づけが多く採用されてきた。夫婦の争いの場合には，夫の説明や解釈が優先し，第三者ばかりでなく，被害者までも，その説明を，加害者が属する集団と被害者が属する集団間の社会的地位の違いに依拠するものとして，了解し正当化してきた。家族以外の領域でも，例えば，学校

では，教師が生徒を殴るのは，教師が必要だと感じる場面ではやむを得ないとされ，多くの場合には奨励されてきた。子どもに対して行われる力の行使は，年長者の裁量として認められてきた。

　また，このことと同様に重要なことだと私は考えるのだが，力の行使の是非の判断を委ねられたメンバーであっても，全く拘束のない自由なエイジェントであったということではない。私的な領域や関係性における力の行使は，実行者が享受する権利というよりは，むしろ役割や義務として理解されているということである。「殴らせるお前が悪い」，「お前のためを思うから殴るのだ」，「殴ってもらって親の愛が身にしみた」などの表現は，男性（家父長）の懲戒権が法的に存在しない現在においても，単なる言い訳以上の意味があると考える。

　家族に起こる暴力に法が干渉や介入をしないことを，近代法は，私的領域の営みの自由の保障であるとする（渥美 [1993]）。この前提を，フェミニストたちは，私的領域を構成するメンバーの関係性にあらわれるジェンダーの偏りとそこから生じる暴力を見過ごす「国家の怠慢」（戒能 [1997]）であると批判する。しかしながら，私的領域に法が介入しないのは，国家の怠慢というよりは，私的領域の統制を通して社会秩序を統制しようという国家の統制の意図の現れとみなす方が妥当ではないかと私は考える。つまり，法とは最大限に正当化された暴力を目的行使のための手段としてもつ制度だとすれば（ベンヤミン [1969]），私的領域，特に家族における法の介入は，社会を秩序づける最小単位としての家族を破壊しかねないからである。家族の自由というよりは，家族という制度と領域を守るために，家族構成員間の暴力は不問にされ，それは結果として暴力を振るう特定の個人を守ってきたと見るほうが妥当ではないだろうか。

　このことを明らかにしたのが，DVを語った女性たちである。彼女たちは，家族が普通のメンバーで構成され，普通の営みをしているようにみえても，実はそこには，あるべき秩序や安全は存在しないことを明らかにした。刑事法の運用に際して問題となる「住居不可侵」は，「夫婦が，自ら自由に決めた夫婦生活への干渉は最大限回避する」ためであり，個人の権利の保障だとする見解

（渥美 [1993]）に対しても，女性たちは，彼女たちの生活に「自由」がなかったことを明言し，異議申し立てをしている。彼女たちの経験は，法の不介入が，家族や個人の自由を守るというよりは，むしろ暴力を振るう者の自由のみを守る結果となっていることを明確に示したのである。

　しかしながら，私的領域への干渉を避けてきたこれまでの法の原則に対する異議申し立ては，家族や家族と国家の関係に関して「権利の配分」という新たな課題を提示していることも言える。法的整備が，「比較的早くすすめられてきた」（戒能 [1997]）という欧米の動向を例に見ると，家族という関係は，虐待の問題化，離婚の増加にともない単位としての家族が崩壊したあとも，従来の家族の境界線を超えて人々の生活を拘束しているように思われる。例えば，現在米国では，暴力を振るったことによって離婚にいたり，子どもと会う権利を奪われた父親をも含む父親の養育権運動が高まりを見せている。さらには，家族崩壊後の祖父母の権利を擁護する団体も，別れた孫との関わりを持つ権利などを要求して活動している。

　暴力的な男性から女性や子どもを守るための法整備を進めた連邦政府は，今度は，「男性に対して差別的な司法制度によって正当な権利を奪われた」と訴える男性たちの主張にも耳を傾け，彼等の主張を政策に取り入れる方向に向かいつつあるように思える。(3)このような主張をフェミニズムに対する反動とする見解もある。しかし，私は，このような主張は，これまで女性のみが問題視し糾弾してきたジェンダーの偏りに男性自身が気づきはじめた現象と捉えるほうが，フェミニズムにとって有益ではないかと考えている。つまり，女性に子どもの養育者としての（義務と）権利を与える一方で，男性には経済的な役割のみを期待し，子どもと暮らし育児を楽しむという権利を想定しなかったジェンダーの偏りに対する男性たちの気づきを反映していると考えるからである。

　暴力の是非の判断基準を，被害者（女性や子ども）の意味づけに置こうとする動きを含めて，だれが家族のなかで起きる事項へ意味づけをするのかという権利配分の平等化がすすんでいると言えよう。このような動きの後で，家族は，「子どもの権利，女性の権利，父母の権利，祖父母の権利，義理の祖父母の権

利など多くの個人の権利の交錯する場」（丸山［1999］）となり，その構成員のなかで誰の権利が尊重されるべきかは，「個人生活の意味論的性格が強まるにつれ，（略）相互に対立矛盾していて，しかも軽重の判断基準を外部にも内部にも持ち得ないような性質のもの」（丸山［1999］）となっているのである。

　先に，私はこれまで国家つまり法が家族に介入しないことには，社会の最小単位とされる家族，男性の価値観が支配する家族という制度を維持しようとする意図が隠れているのではないかと論じた。家族に関する主観的な意味づけの変化や権利配分の変化が日本でも起こりえるとすれば，そのなかでうまれる新しい家族，新しい男女の関係はどのようなものになるのだろうか。DVや児童虐待の問題に直面して国はどのような法的整備を進めるのだろうか。女性や子どもの意味づけを受けて，国家は果たして男性中心社会の規範を維持する機能をもってきたこれまでの家族のありかたや形態に変化をもたらすような法的整備を進める方向に向かうのだろうか。また，DVという暴力行為に対する女性たちの異議申し立ては，どのような形態の家族や男女の関係を見据えて展開するのだろうか。課せられた課題は大きいが，期待も大きい。

　ここで，もう一つの課題をあげたい。女性の意味づけによるDVの言説が制度や政策の改変をもたらせば，必ずや今度は男性の意味づけるDVの対抗言説がうまれるであろう。米国では，「男性が女性から暴力を受けたと口にすることは，女性が被害を口にするよりもはるかに恥ずかしさを伴うものであり，それゆえに今迄公にならなかった」[4]というような主張が現れている。これらの主張を対抗的，反動的とみなし排除するのでは，暴力の理解は進まないだろう。女性による暴力の意味づけと男性による暴力の意味づけにどのようなジェンダーの問題が現れるかを検討することも今後の課題ではないかと考える。

2）援助とエシックス

　DVが社会問題として構築されるプロセスでは，暴力の定義づけにある方向づけがなされていると私は論じた。つまり，DVという問題の提示では，これまで暴力とみなされなかった領域にまで暴力の定義が拡大され，その一方で，

第7章　ドメスティック・バイオレンスの社会問題化とエシックス

暴力の程度は，激しい暴力の記述に集中している。その結果，DVの被害を受けている女性の表象は，激しい暴力を繰り返し受け，心身ともに傷ついた女性として提示されている。ここでは，「普通」の家族に起こる「普通でないほど激しい暴力」という主張が提起するイメージの問題を考えてみたい。

　普通の家族に起こる普通でない暴力という問題提起が，家族に関する従来の想定の変更を促しつつあることは前段部でも述べた。家族観の変化は，近年同様に現れてきた児童虐待の言説が，家族へのまなざしを変え，「家族の信頼性を失墜させ」，「私的領域がより効率的に管理されやすく」しているという上野（[1996]）の指摘にも見られる。私は，このまなざしの変化を，援助に「専門性」が必要であるという主張の裏付けとして存在する「援助を受ける女性」と「家族」のイメージの問題として考えてみたい。

　家族が危険に満ちた「ブラックボックス」であるという「現実」の提示は，そこへの介入や援助には，専門的な知識を持った人間が必要だという主張（神，DV）につながる。専門的知識を持ったものでなければ介入できないほど複雑で，問題の多い場としての「家族」，そして援助の専門職でなければ対応できないほどの問題を抱えた「女性」のイメージが浮かび上がる。

　さて，このようなイメージの創出は，何を意味するのだろうか。私は，ある一定のイメージの出現によって，それ以外のイメージや問題が排除される作用を指摘したい。ただし，私は，DVに関する専門的な知識や援助の必要性を否定しているのではない。私は，DVの被害者援助の方向づけが，専門家でなければ問題は理解できないし援助できないという方向のみに向かうようなことがあれば，まず第1に，本来最も重要な役割を果たさねばならないインフォーマルなネットワークの有効性をどう回復するかという問題意識が薄れてしまうのではないかと思う。

　今回分析した調査報告書によれば，多くの女性たちは，親や友人などにまず相談をし，問題解決をしようとしている。しかしながら，家族や友人の存在やアドバイスは役に立たなかった，かえって辛い思いをしたなど，充分な援助機能を持っているとは言い難い様子が記述されている。しかし，役に立たない親

や兄弟，友人というイメージが，たとえ現実の反映だとしても，そこからは，援助者としての「家族」に対する不信感は強まることはあっても弱まることはない。友人や知人など地域のサポート力についても同様である。

ところで，日本社会のインフォーマルなサポートネットワークは，それほどあてにはならないものなのだろうか。そこで，DVが社会問題として，一定の理解を得つつあるということの要因を，問題提起の受け手という観点で考えてみると，そこには「一定の解釈の資源」があったということが言えるだろう（中河［1999］）。前述した，暴力のない男女関係こそがあるべき姿だとする共通の理解に基づきながら，DVを社会問題として受け入れる聴衆の存在，女性たちの語る暴力のストーリーを受け入れる「解釈の共同体」があったはずなのである（ブラマー［1998］）。

その共同体とは，それほどすさまじい体験ではなくても同様の体験をした多くの女性たちであり，身近に暴力を見聞きした多くの男女ではないだろうか。DVを「凄まじい暴力」に収斂させ，その問題解決には専門性が必要だという方向づけは，多くの女性／男性が経験してきた，「それほどに激しくないかもしれない暴力」を排除し，家族や友人，知人，地域などで得られていた専門的ではない援助，インフォーマルな援助を無効化することにはならないだろうか。

第2に，被害にあった女性のイメージの問題がある。社会問題が構築されるプロセスでは，公的な援助の必要性は，「援助に値する人」のモラルにそった「人」のカテゴリー化によって受け入れられる（Loseke［1992］）。DVの場合は，「傷ついた女性」というイメージがそれにあたるだろう。このことは，傷ついた女性を，加害者から「隔離するとともに，これらの女性への治療や相談にあたり，社会復帰のための場を提供する[(5)]」というような隔離，治療，回復，リハビリという医療のメタファーの出現にも見られる。本来，隔離され，治療され，社会復帰が図られなければならないのは加害者側の男性である。実際，DVは，男性がひき起こす問題であるという主張が問題提起者によってなされている。

にもかかわらず，現実には，被害にあった女性の救済，保護という援助の言説のほうが広まりつつある。これは，公娼廃止問題などかつての婦人問題で，

女性が問題の場，解決の対象とみなされた構図と重なる女性観である。

　私が調査で出会った女性たちは，実際には援助者や調査者を勇気づけるほどの生き方をしている女性たちが多く，多様な集団であった。しかし，「激しい暴力」によって「傷ついた人」という女性のイメージだけが，TVなどのメディアにのってひとり歩きし，医療的な援助にふさわしい人のイメージとなる。女性の語った経験の力強さの部分，例えば，男性側を糾弾する怒りや憎しみといった感情は，「痛み」という表現に置き換えられ，激しい暴力による傷つきという記述の背景に隠されてしまうのである。

おわりに

　ドメスティック・バイオレンスに関心をもってきた私にとって，ここ数年の間に起こった変化は喜ばしいことであった。特に，95年の北京会議以降の関心の高まりと，それに呼応して起こりつつある政策や制度面での変化の「速さ」は驚きである[6]。この変化は，女性の声を直接聞くことで実情を明らかにしようとするフェミニスト・リサーチの試みや，女性の相談を受ける相談機関や援助機関の人々の証言で促されたものと言える。

　しかし，女性たちの声のすべてが社会問題として承認され，政策や制度の改変をもたらしてきたわけではない。私たちのまわりに起こるさまざまな問題のなかで，あるものは「社会問題」として選ばれ，制度や政策の改変が行われながら，ある問題についてはそれがなされない。女性を巡るさまざまな状況や問題についてもそうであった[7]。

　本論は，夫や恋人などが女性に振るう暴力が今なぜ社会問題化されるようになったのか，その背景に存在するエシックス（善悪の判断基準）の変化と，その変化がもたらす新たな問題について，社会問題としての「承認」を迫った女性たちの訴えのなかから解きあかしていこうという試みであった。

　そのことを考えさせてくれた緒は，調査で出会った一人の女性が口にした「痛み」という言葉だった。その言葉は，暴力を語る場面で出されたのではな

い。「私達を気遣うお気持ちは痛いほどですが，その必要はありません」というこの女性の言葉は，調査者側が行ったさまざまな配慮に対して出たものだった。私は彼女の言葉を，暴力被害者に対して向けられている視線，つまり，女性たちを「傷つく者」としてひとつのカテゴリーに入れてそこに向ける視線に対する批判として受け取った。

　すでに論じたように，私たち女性に対する暴力が社会問題として承認される過程では，暴力の凄まじさの提示がレトリックのひとつとして用いられている。これは，痛む側の女性の声による事実の提示と言葉の再定義化によって，「痛み」を「傷」という目に見える形で提示し，しかもその「傷」のすさまじさを明らかにすることで問題の重大さを提示する方法とも言えよう。つまり，女性たちの訴えは，普通の家庭や男女の関係ではあってはならない暴力の凄まじさを示すことで，「治療」が必要なほどの「傷」の存在を社会問題化の基準とするエシックスを作動させ，社会問題としての承認を得ることに成功したと言える。

　が，それは同時に，女性は「傷つく人」，男性は「傷つける人」という「傷」と「痛み」のジェンダー化と「援助される人」と「援助する人」とのカテゴリー化を促したとも言える。より多くの注意深い配慮や援助が必要な者としての「傷つく者」，「痛む者」というカテゴリーは，先にあげた女性が感じたような視線，「痛む」ものをより一層「傷つける」まなざしをうむとも言えるのである。

　次に，「私は痛い」あるいは「私は傷ついた」という言葉は，二つの意味でその言葉が向けられた人を「傷つける」ことも示唆したい。一つには，「傷つけた人」に対する公的な制裁のシステムを発動させることによる。これまで，家族という領域は，このシステムから自由な場であった。家族のなかに痛む人がいるということ，傷つける人がいて傷つく人がいるという事実は，児童虐待の問題としても取り上げられている。国家による家族への介入がすすむことによって，問題を抱えた多くの家族が従来の家族の形態を失うだろう。その後に，どのような家族や男女のありかたがうまれるのだろうか。より自由な関係がうまれるのだろうか。また，力の行使や「痛み」，「傷」から自由な親密な関係は

あり得るのだろうか，それはどのような形で可能なのだろうか，という問いをなげかける。

次に，「あなたは私を傷つけた」という主張は，新たに「傷つく人」をうむように思う。「傷つける人」として訴えられた男性からの主張には，「傷」と「痛み」に関するジェンダーがどのような形で現れるのだろうか。それは，私たちの社会のどのような問題を反映しているのだろうか。そのことを明らかにするためには，男性も「傷つけられた痛み」を感じていることに対して，私たちは敏感でなければならないことを指摘してまとめとしたい。

注
(1) シェルター・DV問題調査研究会議，調査1（報告書は2000年に発行予定）
(2) シェルター・DV問題調査研究会議，調査2（報告書は2000年に発行予定）
(3) 高井葉子［1999］日本社会福祉学会「女性福祉」部門での発表。
(4) インターネット，ホームページ
(5) 男女共同参画審議会［1996］『男女共同参画ビジョン――21世紀の新たな価値の創造』：24.
(6) 例えば，1999年5月，警察庁は，ドメスティック・バイオレンスへの積極的な介入をすすめる方針を出した。また，2000年3月の「犯罪被害者対策関係省庁連絡会議」の報告書では，警察の対応の強化の他，就労あっせんなど経済的支援策も盛り込まれた。
(7) 概して，日本での女性を取り巻く状況の変化は「緩やか」としか言えないものであり，「夫婦別姓問題」のように議論や改革への動きが止まったままになっているものも多い。

引用文献（本文中に挙げた調査報告書は除く）
Baumann, E. A. [1989] " Research Rhetoric and the Social Construction of Elder Abuse ", in *Images of Issues*, Best, J. (ed.) Aldine de Gruyter, New York.
Dobash & Dobash [1992] *Women, Violence, and Social Change*, Routledge, New York.
Kisse, J. I. & Specter, M. B. [1987] *Constructing Social Problems*, Aldine de Gruyter, New York.（村上尚行他訳［1992］『社会問題の構築』マルジュ社）
Loseke, D. R. [1992] *The Battered Women and Shelters*, SUNY Press, New York.
Martin, D. [1976] *Battered Wives*, Volcano Press, Volcano CA.
Reinharz, S. [1992] *Feminist Methods in Social Research*, Oxford University Press, New York.
Walker, L. E. [1984] *The Battered Women Syndrome*, Spring Publishing Company, New York.

渥美東洋［1993］『罪と罰を考える』有斐閣
上野加代子［1994］「児童虐待の社会的構築——言説にみる問題の帰属」，『ソシオロジ』39-2：3-18，社会学研究会
上野加代子［1996］『児童虐待の社会学』世界思想社
「夫（恋人）からの暴力」調査研究会［1998］『ドメスティック・バイオレンス——夫・恋人からの暴力をなくすために』有斐閣
戒能民江［1997］「ドメスティック・バイオレンスと性支配」，『現代の法11巻　ジェンダーと法』岩波書店
戒能民江［1996］『ドメスティック・バイオレンス——取り組み先進国における防止のための法制度』神奈川県立かながわ女性センター
斎藤学［1995］「特別企画・依存と虐待」，『こころの科学』59，日本評論社
杉本貴代栄［1997］「周辺から中心へ——社会福祉におけるフェミニズムの『方法』を探る」，杉本貴代栄（編著）『社会福祉のなかのジェンダー——福祉の現場のフェミニスト実践を求めて』ミネルヴァ書房
杉本貴代栄［1996］「フェミニストリサーチの冒険」，『横浜市女性相談ニーズ調査報告書』（財）横浜市女性協会
中河伸俊［1999］『社会問題の社会学』世界思想社
信田さよ子［1998］『愛情という名の支配』海竜社
原田恵理子［1997］「婦人相談所と女性問題」，杉本貴代栄（編著）『社会福祉のなかのジェンダー——福祉の現場のフェミニスト実践を求めて』ミネルヴァ書房
プラマー，ケン，桜井厚他訳［1998］『セクシュアルストーリーの時代——語りのポリティックス』新曜社
ベンヤミン，ヴァルター，高原宏平・野村修（編・解説）［1969］『暴力批判論』晶文社
丸山茂［1999］『家族のレギュラシオン』御茶ノ水書房
三井富美代［1997］「民間女性シェルターの活動と悩み」，杉本貴代栄（編著）『社会福祉のなかのジェンダー——福祉の現場のフェミニスト実践を求めて』ミネルヴァ書房
（財）横浜市女性協会［1995］『民間女性シェルター調査報告書Ⅰ，Ⅱ』
吉浜美恵子［1995］『ドメスティック・バイオレンス——実態把握のためのアメリカにおける調査研究の概要』神奈川県立かながわ女性センター

その他の主要な参考文献

江原由実子［1995］『装置としての性支配』勁草書房
大越愛子・志水紀代子（編）［1999］『ジェンダー化する哲学』昭和堂
グブリアム，J. F. & ホルスタイン，J. A., 中河伸俊他訳［1997］『家族とは何か——その言説と現実』新曜社
桜井陽子［1997］「女性センター・地域における女性問題解決の拠点たりうるために」，杉本貴代栄（編著）『社会福祉のなかのジェンダー——福祉の現場のフェミニスト実践を求めて』ミネルヴァ書房

第7章　ドメスティック・バイオレンスの社会問題化とエシックス

鈴木隆文・後藤麻理［1999］『ドメスティック・バイオレンスを乗り越えて』日本評論社
ドンズロ，ジャック，宇波彰訳［1991］『家族に介入する社会』新曜社
波田あい子・平山和子（編）［1998］『シェルター――女が暴力から逃れるために』青木書店出版
服部範子［1996］「ジェンダーの視点からみた夫婦関係」，『21世紀の家族像』家族心理年報14，日本心理学会（編），金子書房
山口美代子［1989］『論争シリーズ4　資料明治啓蒙期の婦人問題論争の周辺』ドメス出版
山田富秋・好井裕明［1991］『排除と差別のエスノメソドロジー』新曜社

第8章　社会保障・社会福祉の家族観

大塩まゆみ

はじめに

　動物分類学上の分類でいうと，脊椎動物門の哺乳綱，霊長目，ヒト科，ホモ属に属する人間は，生まれてすぐに自力で立つ象や牛などの他の動物とは異なり，生後しばらくの間は，目は閉じ体は寝たままで，流動食しか飲食できず，他者の保護がなければ生存できない。このような宿命をもつ人間は，必ず児童期には，他者からの扶養を受けて生育する。

　通常，子を扶養するのは親である。しかし，親や家族が子を養育できないこともおこりうる。そのような時に家族の私的扶養を代替・補完するのが，社会保障・社会福祉である。現在の社会保障・社会福祉制度は，家族の扶養力の喪失や減少に対して，どのように対応しているのだろうか。ジェンダーの視点から問い直すと，どのような問題点が浮かび上がるだろうか。本論では，国民年金や児童扶養手当を例にあげて，社会保障・社会福祉制度に見られる家族観を検討したい。

1. 社会保障と家族扶養

1）　国民年金の第3号被保険者問題

　1985年の国民年金法の改正により，20歳以上60歳未満の日本国内に住所のある人は国民年金に強制加入することになった。これにより，被用者である第2

号被保険者の被扶養配偶者（その大多数が妻）は，第3号被保険者として無拠出での受給が可能になった。この改革は，夫に扶養され，それまで国民年金に任意加入していなかった妻が中高年で離婚したり障害者になった場合に，年金を受給できないことを救済する目的をもっており，妻にも個人単位の年金権を与えた点では，画期的であった。

　しかし，この第3号被保険者制度に，いくつかの問題点があることはすでに指摘されている。まず社会保険は，保険料を出した人が給付を受ける方式であるが，第3号被保険者にはそれがあてはまらない。第3号被保険者は，無拠出で給付を受け，第2号被保険者全体が財源を支えている。社会保障の原則は，普遍性，公平性，総合性，権利性，有効性だと社会保障制度審議会の勧告でいわれているが，負担と給付の公平性の観点からみると，第3号被保険者のしくみは不公平だといわざるをえない。

　一方では，社会保険は，負担できる人が拠出し必要のある人に給付する，という社会連帯の制度なので，低（無）収入の主婦からは保険料を徴収しない，という考え方がある。つまり，第3号被保険者を低（無）収入主婦に対する救済制度とみる。しかし，その中には夫が高収入なので働く必要がない主婦も含まれ，家計は世帯単位で営まれているので，保険料を負担できない妻ばかりではない。このような矛盾のある第3号被保険者制度に対しては，賛否両論がある。

2）妻が夫に扶養されることに対する考え方

　公的年金は私的年金と異なり，「世代間の相互扶助」や「所得再分配」の機能をもつといわれている。そして社会保障の根本理念は，健康で文化的な最低限度の生活をおくる生存権をすべての人に保障することである。「世界人権宣言」第22条では，「すべて人は，社会の一員として，社会保障を受ける権利を有し」と，社会保障を受ける権利をすべての人に認めている。

　サラリーマンの被扶養配偶者を第3号被保険者としてカバーするシステムは，生存権や社会保障を受ける権利にはかなうが，女性に男女対等の人権をもたら

しているだろうか。主婦を優遇する制度は，結局，マイナスの特別扱いをしているのではないか。

つまり，年金保険は応益負担ではなく応能負担なので，被扶養配偶者である妻を無拠出で適用するしくみは，第3号被保険者の女性を制度上，収入が得られない稼得能力のない人とみなしていることにほかならない。理由を問わずして保険料負担を免除するこの制度は，社会人としての人間の尊厳や自尊心を既婚被扶養女性から失わせるのではないか。そして，既婚女性の社会的評価を押し下げ，再就職や他の社会生活の面で不利益を与えているのではないか。

かつての慈善や救貧事業が，権利として受けられるものではなく，慈悲やお情けで施与され同時にスティグマがつきまとったのと同様に，いわば恩恵を与えてあげるというこの制度は，女性の自立の足枷となっているのではないか。

大多数の既婚女性が第3号被保険者になる理由は，はっきりしている。それは，家事・育児と仕事との両立が難しく，十分な収入を得られる労働ができないからである。(5)このような明確な理由があるにもかかわらず，その課題を解決することを先送りにして単に恩恵的に特典を与える現行制度は，女性に勤労の権利と義務を行使しないようにさせている。

この第3号被保険者以外にも，社会保障・社会福祉制度には，既婚女性を特別扱いするしくみがあり，それは家族単位の給付になっているものに顕著である。

3） 家族単位の社会保障給付

妻が被扶養家族として扱われている家族単位の給付には，次のようなものがある。例えば，老齢厚生年金・障害厚生年金には，扶養される配偶者や子のための加給年金というものがある。これは夫の年金に扶養家族分を上乗せするものである。

次に遺族基礎年金は，父親を亡くした一定年齢以下の子のある妻が支給対象となり，同じ条件の夫には支給されない。それは，男性が同様の立場になっても基礎年金で保障する必要がないと考えられているからである。また遺族厚生

年金や労災の遺族補償年金では，本人に生計を維持されていた遺族が対象となり，妻と夫では支給要件が異なる。たいていの場合，夫は妻に生計を維持されていないので，妻が受給する遺族年金よりも受給水準が下がる。また国民年金の第1号被保険者への独自給付として寡婦年金があるが，男性に対してはそれに該当する年金はない。

　さらに健康保険は，夫が加入していると，その被扶養家族である妻や子も無拠出でカバーされ，家族単位のしくみになっている。

　このような社会保険のしくみは，経済力のない妻子を夫（父親）が扶養するという家族像を基本にして構築されている。夫が社会保険の本人として加入すれば，その被扶養家族も給付が受けられる。つまり，既婚女性が夫に扶養されることを当然とする考え方が，社会保障制度を貫いているのである。

4) 妻が被扶養家族になる社会的背景

　妻を夫の被扶養家族として組み込む家族単位の社会保障は，どのような社会状況のもとで実施されたのだろうか。

　日本では，第2次世界大戦後に社会保険を拡大していったが，図1のように，この当時から，夫を世帯主とする核家族が増加した。また1950年代までは，女性就業者の多くが第1次産業就業者であり，図2のように家族従業者として働いている女性が多かった。[6]

　1950年代以降の高度経済成長期に，男女ともに第1次産業就業者よりも被用者となる労働者が増え，サラリーマンの妻となる女性が増えた。図3のように，この時期には女性の労働力率が低下し，専業主婦が増加した。1975年では，夫のいる女性の労働力率は45％であり，働いていない既婚女性のほうが多かった。しかし，1985年に働く既婚女性は51％と半数を超えるようになった。[7]

　だが，既婚女性が働くといってもパート就労が多い。1961年に税制の配偶者控除が，1987年には配偶者特別控除が導入されたことも影響して，働いたとしても夫の被扶養配偶者としての扱いが受けられる範囲内に就労を調整する既婚女性が増えており，年収90万円から100万円のパートタイマーが多い。[8]

図1　家族類型別世帯数の推移

核家族世帯　2422
夫婦と子どもからなる世帯　1517
1037
その他の親族世帯　750／699
単独世帯　939
635
夫婦のみの世帯　629
片親と子どもからなる世帯　275
168
118
非親族世帯　8

資料：総理府統計局「我が国の世帯構成とその変動」に追加。
出所：湯沢雍彦『図説家族問題の現在』日本放送出版協会，1995年，17ページ。

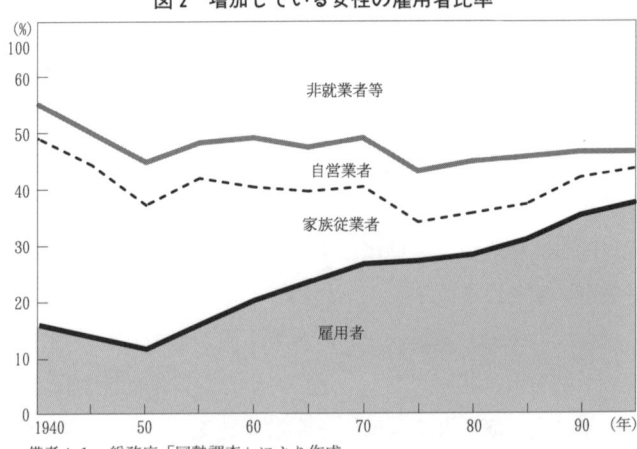

図2　増加している女性の雇用者比率

非就業者等
自営業者
家族従業者
雇用者

備考：1．総務庁「国勢調査」により作成。
　　　2．それぞれの従業上の地位の労働力人口を15歳以上人口で，割った数値である。ただし，50年は，14歳以上人口で割った数値である。
　　　3．85年以降，雇用者は雇用者と役員の合計であり，自営業主は雇人のある業主と雇人のない業主の合計であり，家族従業者は家族従業者と家庭内内職者の合計である。
　　　4．50年から70年の数値は，沖縄県等を含まない。
　　　5．不詳は非就職者等に含む。
出所：経済企画庁編『国民生活白書（平成9年版）』大蔵省印刷局，1997年，8ページ。

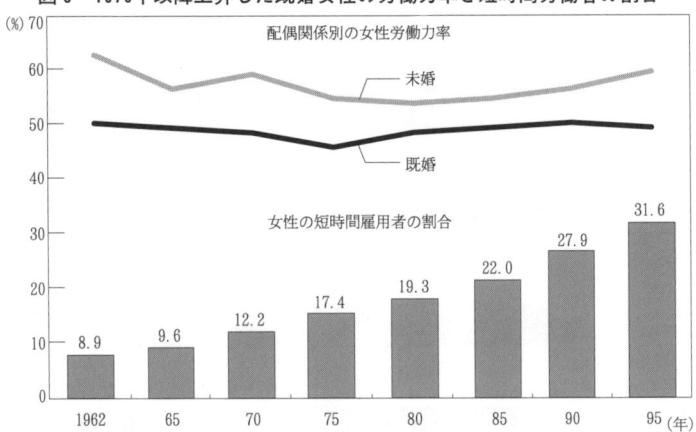

第 8 章　社会保障・社会福祉の家族観

図 3　1975年以降上昇した既婚女性の労働力率と短時間労働者の割合

備考：1．総務庁「労働力調査」により作成。
　　　2．短時間雇用者とは，調査対象週において，就業時間が35時間未満であったものをいう（季節的，不規則的雇用を含む）。
　　　3．既婚は，有配偶と死別・離別の女性を合わせたものである。
出所：経済企画庁編『国民生活白書（平成9年版）』大蔵省印刷局，1997年，15ページ。

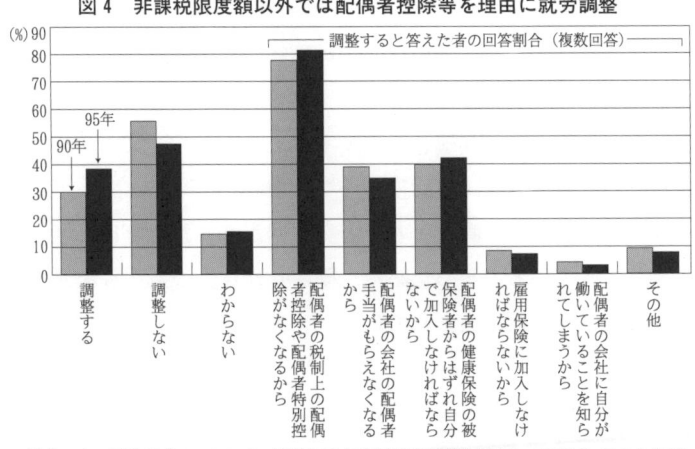

図 4　非課税限度額以外では配偶者控除等を理由に就労調整

備考：1．労働省「パートタイム労働者総合実態調査報告」（1990，1995年）により作成。
　　　2．「あなたは年収に所得税がかからないようにすること以外の理由で年収が一定額を超えないように調整しますか」との質問に対する回答者の割合，さらに「調整する」と答えたものにその理由をきいたもの。
出所：経済企画庁編『国民生活白書（平成9年版）』大蔵省印刷局，1997年，159ページ。

図5 夫婦の生活時間

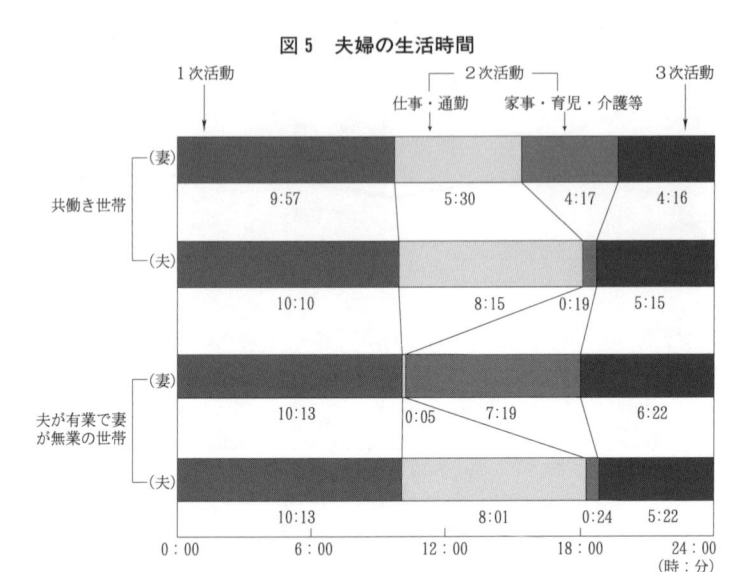

注：「1次活動」とは、睡眠、食事のように生理的に必要な活動、「2次活動」とは仕事、家事のように社会生活を行う上で義務的な性格の強い活動、「3次活動」とはこれら以外の各人が自由に使える時間における活動をいう。また、「家事・育児・介護等」には「看護」、「買物」が含まれている。
資料出所：総務庁「社会生活基本調査」（平成3年）
出所：総理府編『男女共同参画の現状と施策』大蔵省印刷局、1997年、54ページ。

　既婚女性が就労調整をする理由は、夫の被扶養配偶者になれるようにすることと家事と仕事の両立を可能にするためである。図5のように、夫婦の生活時間は男女によって異なり、共働き・専業主婦にかかわらず家事・育児・介護は、女性によって担われており、男女役割分業は根強い。
　日本の社会保障制度は、戦前よりも専業主婦が多くなった1975年あたりまでの時期に構築されている。そのために、既婚女性を夫の被扶養配偶者として扱う制度が当然のように組み込まれている。

2．社会保障制度のいだく家族像

1）「ベヴァリッジ報告」にみる社会保障の家族扶養

　多く国の社会保障に影響を及ぼしたイギリスの「ベヴァリッジ報告」でも、

既婚女性を夫の被扶養家族とする点は同様である。「ベヴァリッジ報告」では，社会保障を次のように定義している。「失業，疾病もしくは災害によって収入が中断された場合にこれに代わるための，また老齢による退職や本人以外の者の死亡による扶養の喪失に備えるための，さらにまた出生，死亡および結婚などに関連する特別の支出をまかなうための所得の保障を意味する」(9)（下線筆者）。

下線部の「本人以外の者の死亡による扶養の喪失」への給付を受ける対象者は女性と子であり，「本人」とは男性である。つまりベヴァリッジは，夫が妻と2，3人の子を養う家族を典型的な家族像として描いていた。

これが意味することは，a. 夫（父親）は家計の担い手として常勤で勤続する，b. 妻（母親）は家庭で家事・育児に専念する専業主婦となり，夫に扶養される，c. 男性には家庭で妻子を養うために「家族賃金」を出すが，女性労働者にはその必要はない，d. 女性の家事・育児労働は無償であり，それは男性の役割ではない，e. 結婚は死ぬまで永続する，f. 子は，婚姻以外から生まれないし，婚姻内の出生が望ましい。(10)

このような家族像は，19世紀のヴィクトリア時代の中産階級の家庭をモデルにしたらしいが，1940年代当時であっても，このような家族がイギリスで多数を占めていたのではないという。1943年には，既婚女性の40％が有給の仕事につき，特に下層の労働者階級では，このような家族モデルは，あてはまらなかったといわれている。(11) そのために，この「ベヴァリッジ・プラン」は，女性を独立したひとりの人間として認めていない，とフェミニストたちに厳しく批判されていた。(12)

「ベヴァリッジ報告」には「既婚女子のための特例規定」の項があり，そこで彼は次のように述べている。「この社会保障計画は法的な結婚を優遇しようとするものであって，けっして不利な取り扱いをしようとしているものではない。主婦の地位は形式的にも，実質的にも尊重されている。主婦をその夫の被扶養者としてではなく，夫に稼得のあるときはこれを分けあい，稼得のないときは給付や年金を分けあう協力者として取り扱うことによって，その地位を認めたのである」。(13)「今後30年の間，主婦は母親として，世界における英国民と英

国の理想の正しい保持のために貴重な働きをしなければならないのである」[14]
(下線筆者)。

このようにベヴァリッジは，特例規定を設けて，既婚女性の役割を重視した。しかし，それは「被扶養者としてではなく」「地位を認めた」とあるが，一人の人権ある人間としてではなく，母親としての役割を意味していた。母性の役割を重視したのは，戦争続きの時代で頑健な兵士を必要としていたという社会的事情もある。当時は，それまで児童が酷使・虐待されてきた歴史の反動から，児童を保護し大切に育てようとする風潮があった。しかしそれは，子を育てる母親業・主婦業に女性を追い込み，男女役割分業を固定化させていったのである。

2） 現在の家族と社会保障の家族像のズレ

現在，一家の子ども数が減り，DINKSやシングル・未婚の母・離婚が増えている。このような変化は，もはや結婚が「永久就職」ではないことを示し，これまでの社会保障制度が想定した家族像が現実にあてはまらないことや女性には男性に扶養されなくても自活できる力があることを実証している。

しかし，前述のa.からf.のような前提でいったんできあがった社会保障は，その他の社会慣行とも連動して，典型的な家族像を模範化させている。夫が妻子を養うことを前提とした「家族賃金」や，税制の配偶者扶養控除等のしくみは，二重三重に妻が夫に扶養される世帯を優遇している。一方，一定の対象や家族像を想定してつくった社会保障は，その画一的な生活スタイルを標準にすると共に，それからはずれる人への保障が死角となり，セイフティネットからこぼれ落ちる人を派生させてしまう。

特に，家族の変化の著しい現在では，典型的な対象や家族像に適合するようにつくられた社会保障制度では，それからはずれる家族や個人への配慮に欠ける傾向がある。例えば，少数派である父子世帯への福祉制度は，非常に不十分である。紙面の都合上，本論ではそれらに関しての言及はできないので，中でも最近増えている離別母子世帯について次に取り上げる。

3. 離別母子世帯と社会保障・社会福祉

1) 離別母子世帯の増加

　1996年は，戦後最高の離婚件数・離婚率を記録したといわれている[15]。しかも，子をもつ夫婦の離婚が多い。このような離別母子世帯の増加は，社会保障を整備し始めた頃には予想がつかなかった。1952年では母子世帯の85.1％が死別であった[16]。

　1947年には，生活保護法についでいちはやく児童福祉法ができたが，それは戦災孤児や浮浪児等の親と死別したり，親が行方不明である子の保護や健全育成問題が喫緊であり，児童の社会的扶養の必要性が高かったからである。同時に戦争未亡人や母子世帯対策も緊急課題であり，1953年には「母子福祉資金の貸付等に関する法律」により低金利の貸付事業が実施された。1959年には自営業者等を対象とする国民年金が創設され，死別母子世帯に対しては母子年金が支給された。被用者世帯は，厚生年金の遺族年金がすでに支給されていたが，これらにあてはまらない死別母子世帯に対して，全額国庫負担の母子福祉年金が支給されることになった。

　一方，離別母子世帯については，夫（父親）が生存しているので遺族年金の支給要件にあてはまらないと考えられ，母子福祉年金の対象にはされなかった。そこで，母子福祉年金の補完制度として1961年に児童扶養手当が創設された。

　その後，離婚は増加の一途をたどる。特に近年，中高年の離婚が増えたというものの，多いのは20歳代30歳代の有子夫婦の離婚である。親の離婚を経験した子の数は，1989年では1950年の2倍以上にのぼる[17]。家制度の名残のある日本では，戦後しばらくは離婚した時に夫が子を引き取るケースが多かったが，最近では母親が親権をもち子を扶養するケースが約7割ほどになる[18]。

　しかし，有子女性の就労は困難であり，また低賃金なので，概して離別母子世帯の収入は低い。1992年の厚生省の調査では離別母子世帯の平均年収は202万円で，一般世帯の31％ほどしかなく，父子世帯の約48％である。離別母子世

帯の平均年収は死別母子世帯よりも約52万円低く、世帯人員一人当たりの平均年収は69万円で、一般世帯の207万円の約3分の1である[19]。このような低収入の離別母子世帯では、児童扶養手当が生計に大きな比重を占めている。

2) 児童扶養手当の制度内容

　児童扶養手当が制度化された過程には、前述したように、それ以前に死別母子世帯への年金が実施されたという経緯がある。死別母子世帯は遺族として年金給付を受けるが、離別母子世帯は離婚が保険事故にはなじまないとされ、対象にはならなかった。それは、離婚が不測の事故や不可抗力によっておきるのではなく、個人の意志で発生を左右することが可能で、努力次第で避けることができると考えられたからである[20]。このように児童扶養手当は、死別母子世帯対策に伴い副次的に生まれており、理念や根拠が明確ではなく、離婚に至った実情の正確な認識がされていたかどうかも疑わしい。

　児童扶養手当法では、「父と生計を同じくしていない児童が育成される家庭の生活の安定と自立の促進に寄与するため」に手当を支給し、それによって「児童の福祉の増進を図ること」を目的とすると記されている。

　児童扶養手当の支給対象となる児童は、父と生計を同じくしていない18歳に達する日以降の最初の3月までの児童または20歳未満の中程度以上の障害児であり、次のような場合に受給できる。a. 父母が婚姻を解消した、b. 父が重度の障害の状態にある、c. 父から1年以上遺棄されている、d. 父が法令により1年以上拘禁されている、e. 父の生死が1年以上不明、f. 婚姻によらないで出まれた、g. 父が死亡した。

　ただし、次の場合には受給できない。A. 老齢福祉年金以外の公的年金を受給できる、B. 保育所・母子生活支援施設等以外の児童福祉施設に入所している、C. 日本に住んでいない、D. 手当の支給要件に該当するようになった日から5年を経過している、E. 母親が婚姻をしたり、事実上婚姻と同様の生活をしている、F. 児童を里親に委託する、父と同居する等養育していない、G. 所得が一定以上ある、H. 上記の支給要件にあてはまらなくなった。

第 8 章　社会保障・社会福祉の家族観

現在，児童扶養手当受給世帯の約87％が離別世帯であり，約 6 ％が未婚の母の世帯で，この両者が増加している。

3 ）　児童扶養手当制度の問題点

　児童扶養手当の支給額は，1985年に臨調行革のもとで 2 段階に区分され，1998年 8 月以降には所得制限が厳しくなった。母子 2 人世帯で年収が204.8万円未満の場合には全額支給となり月額42,370円，年収が204.8万円以上300万円未満の場合は一部支給となり月額28,350円が支給される（2000年度の金額）。第 2 子はそれに5,000円が上乗せされるだけであり，第 3 子になるとたったの3,000円が追加されるだけである。なぜ 2 段階に所得制限を区分し，また何の根拠に基づいて限度額や支給額がはじき出されているのかは明らかでない。

　児童扶養手当制度は，本来，親の扶養力が小さいために子が健全な育成をとげられなくなることをなくし，家庭生活の安定と児童の福祉をめざして実施された。しかし現実的には，児童扶養手当と母親の就労収入だけでは必要な支出にみあう収入を得られない対象世帯が多く，児童扶養手当法の目的にある母子世帯の自立を促進する制度にはなっていない。一生懸命働いて収入を上げると所得制限により手当を打ち切られ，再び困窮生活を余儀なくされ，場合によっては健康を害することもある。

　所得制限を強化するようになったのは，支出増加による財源難からである。発足当時，児童扶養手当の受給者は15万人だったが，1996年には約 4 倍の62万人に増大し，給付費は，14億円から3,136億円と224倍になった。膨張する給付費を抑制するために，児童扶養手当の見直しが審議され，最近は，別れた夫からの費用徴収についても検討されている。

4 ）　児童扶養手当と別れた夫（父親）の扶養責任

　離別母子世帯が増加しているということは，妻子と別れた夫（父親）の数も同じだけ増えているということである。しかし実際，子の養育費を支払う父親は少数で，父親の子に対する扶養義務に関して日本の制度は非常に寛大である。

児童扶養手当は全額公費負担で，欧米のように別れた夫から費用徴収をしていない[24]。そのために「児童扶養手当は，別れた父の扶養義務の履行に対し，負のインセンティブを持ち，その無責任な対応を助長する」[25]と言われている。

　1998年8月までは，児童扶養手当の支給要件のうちの一つである未婚の母の子が父に認知された場合には，手当の支給が打ち切られていた。この点については1994年9月に奈良地裁が父の認知を理由として児童扶養手当の支給を打ち切ることを違憲としたこと等を契機として改善された。

　児童扶養手当を検討すると，社会保障・社会福祉制度が，時代遅れの通念や財源によって支給内容が決められ，対象者の生活実態・ニーズや人権・人格がどの程度考慮されているのかに疑問が浮かぶ。

　特に，家族扶養に関しては，私的扶養と社会的扶養について，誰がどこまで担うのか，基準となる原理・原則，あるいは理念や倫理がない。そのために，古い男女役割分業観念に基づく家族扶養が社会通念となり，社会保障にも貫徹している。また，社会保障は，事後的処理に終始していて，そうならないように予防する観点が希薄である。

4．家族扶養の倫理と女性の自立

1） 離別母子世帯と既婚女性の就労

　児童扶養手当は父子世帯には支給されず，母子世帯だけに支給される。それは，おそらく父子世帯の父親には所得補塡の必要がないと考えられているからであろう。これは日本の賃金の男女格差と男女役割分業に基づく慣習の弊害を表している。つまり，既婚女性が夫に扶養され経済力をもたない習慣の根強い日本社会では，夫と別れた女性が自活困難に陥ることが往々にしてある。

　父子世帯では，離別してひとり親世帯になった時に働いていなかった父親はほとんどいないが，母子世帯ではそうなった時に働いていなかった母親が多い。

　日本では，女性は子どもができたら職業をやめ子が大きくなったら再び職業をもつほうがよいと考える人，職業をもつのは子どもができるまでと考える人

第 8 章　社会保障・社会福祉の家族観

図 6　妻の就業形態別にみたライフコース

(1)理想的な女性のライフコース

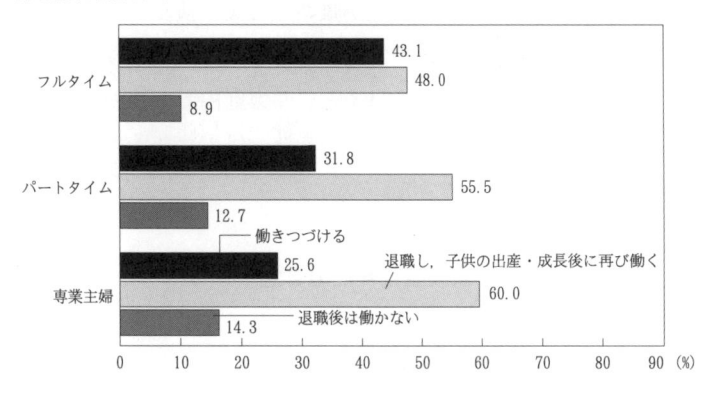

フルタイム　43.1／48.0／8.9
パートタイム　31.8／55.5／12.7
専業主婦　25.6／60.0／14.3

（働きつづける／退職し，子供の出産・成長後に再び働く／退職後は働かない）

(2)ライフコースの実際の状況

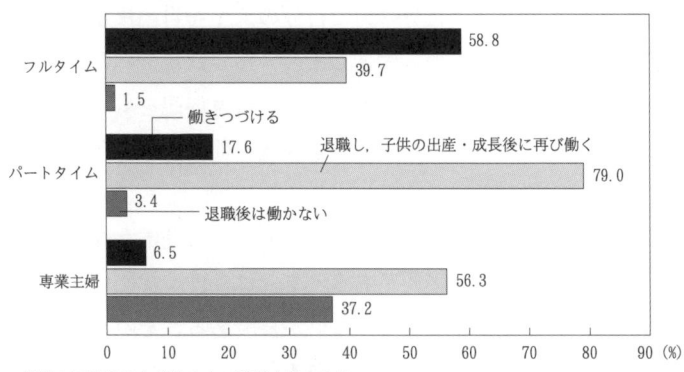

フルタイム　58.8／39.7／1.5
パートタイム　17.6／79.0／3.4
専業主婦　6.5／56.3／37.2

備考：回答者は夫が勤め人の既婚女性である。
出所：経済企画庁国民生活編『平成9年度国民生活選好度調査』』大蔵省印刷局，1998年，32ページ。

が多く，子どもができても勤続するほうがよいと考える人のほうが少ない。理想と現実は異なるが，図6のように，専業主婦を理想とした人が実際に働かない率は上昇している。

　しかし，夫が働き妻は扶養されるという家族形態の夫婦が離別した時，路頭に迷うのは女性である。かつての女訓に「幼き時は親に従い，長じては夫に従い，老いては子に従う」「一生男子に使わるること奴隷の如し」とある。今で

も女性が生活に困窮しないためには、父に夫に息子に従い扶養されざるをえない制度になっている。現在、有子女性が離婚して夫に扶養されなくなった時には、児童扶養手当という社会的扶養制度があるが、これは事後救済策である。

　なぜこのように女性が、夫や父や息子という家庭内での扶養を受け、また社会の多くの男性によって費用負担されている社会保障に扶養されなければならないのか。女性は、なぜ自立できないのか。

2） 社会保障・社会福祉の家族観と女性の自立

　現在、離婚・非婚・晩婚・事実婚が増え、また子を生まない女性が増えているのはなぜか。それは、女性が自立と自己実現を志向し、人格と人権の尊重を求めているからではないだろうか。父や夫に従う奴隷のような忍従の人生から解放され、一人の人間として自分の力で自分の人生を自己決定したいからではないか。そして、それは一人の人間としての当然の欲求ではないか。

　だとしたら、女性を扶養される立場に追い込む家族観をもった社会保障制度は変えるべきある。そして、そのような家族観を前提とする社会の通念や社会規範を変革しなければならない。

　そのためには、民主主義社会である現在でも、なぜ既婚女性が夫に扶養される立場にいるのかを問い直す必要がある。それは、既婚女性は子の養育責任を担っているので、男性並の仕事ができないからである。そのために、家族単位で扶養し、それが無理なら社会的扶養に頼る。

　しかし社会的扶養の負担増を招かないためには、女性が扶養されなくても自活できる社会を構築し、女性が経済力をもてるようにすべきである。

　つまり、男女役割分業を変え、男女が共に仕事と家事・育児を共有できるような社会を築くのである。女性が夫や社会保障の扶養を受ける立場から自立した社会人となれるように、女性の担う児童養育役割を社会全体で担うことが必要である。

第 8 章　社会保障・社会福祉の家族観

おわりに

　今後は，家族扶養と社会的扶養について，さらに議論を深め，誰がどこまで援護（ケア）の必要な人を扶養するのかという課題を再検討することが必要である。現在，多くの既婚女性が夫に扶養される立場にいるのは，子どもや高齢者等の援護（ケア）の必要な人の具体的な世話をしているために経済的自立ができないからである。つまり，子どもを養育している女性が夫から養われなければ生活できないしくみを変えるには，子の私的扶養を社会的扶養で支えるしくみが不可欠である。今後の社会保障・社会福祉は，すべての成人が社会人として自立でき，男女対等の人権を行使できるような仕組みに再構築するべきである。

注
(1)　ポルトマン，A.，高木正孝訳［1961］『人間はどこまで動物か』岩波書店，参照
(2)　「家庭の未来」研究会（編）［1998］『家庭の未来』労働基準調査会，堀勝洋［1997］『年金制度の再構築』東洋経済新報社，他参照
(3)　総理府社会保障制度審議会事務局（監修）［1995］『社会保障体制の再構築に関する勧告』法研：10.
(4)　一般にサラリーマン世帯でこれを支持する人が多く，妻が自らの保険料を納めるべきだと考えている人は少数派で，過半数の人が現行制度のままでいい，と答えている。経済企画庁国民生活局（編）［1998］『平成 9 年度国民生活選考度調査』大蔵省印刷局
(5)　労働省女性局（編）［1998］『平成 9 年版働く女性の実情』：59, 経済企画庁（編）［1997］『国民生活白書（平成 9 年版）』大蔵省印刷局：94参照
(6)　経済企画庁（編）［1997］前掲：8 参照
(7)　同上：15参照
(8)　同上：159.
(9)　ベヴァリッジ，W.，山田雄三監訳［1969］『ベヴァリッジ報告──社会保険および関連サービス』至誠堂：185.
(10)(11)　高島道枝［1991］「イギリスの女子労働と社会保障──所得保障に限定して」,『季刊社会保障』27-1, 都村敦子［1976］「社会保障における女性の地位に関する予備的考察（その 1 ）」,『季刊社会保障』12-2, 参照
(12)　都村敦子［1976］前掲：239参照

⒀　ベヴァリッジ，山田雄三訳［1969］前掲書：78．
⒁　同上：79．
⒂　厚生省監修［1998］『厚生白書（平成10年版）』ぎょうせい：77参照
⒃　中央児童福祉審議会児童扶養手当部会［1997］「今後の児童扶養手当制度の在り方について」平成9年12月4日参照
⒄⒅　厚生省大臣官房統計情報部（編）［1991］「離婚に関する統計――人口動態統計特殊報告」厚生統計協会，参照
⒆　厚生省家庭局［1995］「平成5年度全国母子世帯等調査の概要」，総理府（編）［1997］『男女共同参画の現状と施策（平成9年版）』大蔵省印刷局：58参照
⒇　福田素生［1998］「児童扶養手当制度の研究(1)」，『社会保険旬報』1973：2参照
(21)　社会保障制度審議会事務局（編）［1998］『社会保障統計年報（平成9年版）』法研：348参照
(22)　中央児童福祉審議会児童扶養手当部会［1997］前掲，参照
(23)　養育費を受けている世帯は14.9％，厚生省家庭局［1995］前掲，参照
(24)　離別した有子世帯の父親の扶養義務を追求するという点については，手厚い福祉制度を普遍主義で実施しているスウェーデンと児童手当や公的な健康保険制度のない自由主義国であるアメリカが共通して実施している。スウェーデンでは，それまでの養育費立替制度が1996年に扶養費援助法になったが，公費で財源全額を出しているのではなく，扶養義務のある父親から養育費を徴収して，一時立て替え払いをしているというしくみになっている。またアメリカでは，1975年に児童扶養の履行強制制度（Child Support Enforcement Program）が創設されて，行政機関が公的扶助であるAFDC（Aid for Dependent Children）受給の母子家庭の扶養義務のある元夫を探し，養育費の取り立てをするようになった。同様の制度は，ドイツやフランスでも実施されている。
(25)　福田素生［1998］「児童扶養手当制度の研究(3)」，『社会保険旬報』1976：10．
(26)　東京都生活文化局女性青少年部女性計画課［1994］『女性問題に関する国際比較調査』参照
(27)　石川松太郎（編）［1980］『女大学集』平凡社：80-81．

参考文献

福田素性［1998］「児童扶養手当制度の研究――児童手当との関係など社会保障制度体系からの考察を中心に」，『社会保険旬報』No.1973，75，76，79，80
久武綾子・戒能民江・若尾典子・吉田あけみ［1997］『家族データブック』有斐閣
堀勝洋［1997］『年金制度の再構築』東洋経済新報社
井垣章二［1990］『児童福祉――現代社会と児童問題』ミネルヴァ書房
金谷千慧子（編著）［1996］『わかりやすい日本民衆と女性の歴史，近・現代編――女たちの三代を語りついで』明石書店
「家庭の未来」研究会（編）［1998］『家庭の未来』労働基準調査会
『季刊家計経済研究』第33号［1997］家計経済研究所

中垣昌美編［1987］『離別母子世帯の自立と児童扶養手当制度』大阪母子福祉連合会
労働省女性局(編)［1998］『平成9年版働く女性の実情』21世紀職業財団
関口裕子・服部早苗・長島淳子・早川紀代・浅野富美枝［1998］『家族と結婚の歴史』森話社
総合研究開発機構［1989］『わが国の家族と制度・政策に関する研究』全国官報販売共同組合
総理府内閣総理大臣官房男女共同参画室編［1998］『男女共同参画白書（平成10年版）』大蔵省印刷局
社会保障研究所(編)［1999］『女性と社会保障』東京大学出版会
田辺敦子・富田恵子・萩原康生［1994］『ひとり親家庭の子どもたち』川島書店
湯沢雍彦［1995］『図説家族問題の現在』日本放送出版協会

第9章 女性障害者の結婚生活と障害者観
―― 結婚している女性障害者の聞き取りを基に

伊藤 智佳子

はじめに

　本論では，女性障害者の結婚生活を検討することを通し，女性障害者問題の背景にある障害者観について考察する。

　女性障害者問題には，子宮摘出問題，同性介助の保障，地域での「自立生活」実現・継続のための所得保障，住宅保障などの課題があるが，本論で，女性障害者の結婚生活を取り上げた理由は，女性障害者が「女性」であり「障害者」であるがゆえに直面する問題が端的かつ総合的に表れやすいと考えたからである。例えば，介助を必要とする女性障害者が，結婚を望んだ場合，炊事，洗濯などの家事役割や老親の介助役割を果たすことができないという理由で，結婚を反対される場合がある。この背後には，女性には女性役割が期待されているということ，そして障害者だから女性役割を果たすことができないであろうという女性障害者に対する見方があるように思われる。また，結婚に至るまでの壁を乗り越え，結婚生活を送るようになり，子を生み，育てることを望んだ場合，自分一人では子育てはできないだろうという思いから，子を生み育てることをあきらめる場合がある。この背後には，現行の介助制度では，介助を必要とする障害者本人のみにサービスが提供されるが，子育てをも含む介助制度が確立されていないことがある。

　本論では，女性障害者問題を作り出す女性障害者観について，女性障害者の結婚生活を取り上げ，検討する。まずは，女性障害者の結婚生活にみる女性障

害者特有の課題を，既存の身体障害者実態調査報告書から探ることを試みた。しかし，女性障害者，男性障害者といった性別に分けて実態把握を行った調査報告書を探すことはできなかった。既存の実態調査報告書が女性，男性といった性別による実態把握を行ってこなかったことの理由として，以下のことが考えられる。それは，①恤救規則（1874年），救護法（1929年）にみられるように，障害や貧困が個人の責任とされ，救済は基本的には家族で行い，やむを得ない場合のみ国が行うとされたこと，②日清・日露，第一次・第二次世界大戦による障害者（傷痍軍人）対策としての障害者対策であったこと，③第二次世界大戦直後に制定された身体障害者福祉法（1949年）にみられるように，職業復帰の可能性のある比較的軽度の障害者対策に重点を置いてきたこと，などを挙げることができる。つまり，障害が個人の責任とされ，家族・親族扶養を基本とする考え方のもとでは，自分で働いて所得を得ることができない男性障害者や，女性が果たすべきであると考えられてきた役割を果たすことができない女性障害者は，家族・親族の中で肩身の狭い思いをして一生を送る以外に方法はなかった。そして，わが国初の障害者福祉立法においても，男性で職業復帰の可能性がある人たちへの対策を重視していたといえる。

　1981年の国際障害者年を機に，ノーマライゼーション思想やアメリカの自立生活運動の理念などが普及し，障害者の生活がそれまでとは大きく変わり始めた。そして，1993年の障害者基本法成立，1995年の障害者プラン策定などにより，障害者をめぐる施策の動向も少しずつ変わり始めている。しかし，女性の社会進出が当たり前の時代になっても，女性，男性を問わず，障害者共通の課題解決という視点からの制度・施策の整備であり，性別による固有の課題解決という視点は入っていない。わが国の障害者施策は戦前，戦後直後の傷痍軍人対策を出発点とし，職業復帰に重点を置いてきた。このことが，制度・施策を拡充するために行われるはずの障害者の実態把握調査に，ジェンダーの視点が未成熟であったこと，それゆえ，女性障害者特有の課題解決のための制度・施策の確立につながらなかったことの一要因につながっているといえよう。

　既存のデータからは，女性障害者の結婚生活の実態把握を行うことはできな

かった。そこで，筆者は1998年10月から11月に結婚している女性障害者7名への聞き取り調査を行った。本調査結果をまとめることを通して，女性障害者問題を作り出す社会的な背景の一端を浮き彫りにすることを試みたい。これは，女性障害者が「女性」であり，「障害者」であるという二重の困難を明らかにすること，そして，女性障害者の「自立」支援のための方策を考える際の一助になると考えた。

1．ジェンダーの視点からの既存の調査の不十分さ
　　──『平成3年身体障害者実態調査報告書』『障害を持つ女性の生活実態調査』
　　　を手がかりとして

　筆者は，結婚している女性障害者7名に聞き取り調査を行ったが，ここでは，聞き取り調査を行った理由を整理したい。

1）『身体障害者実態調査報告書』にみる配偶の状況
　近年，障害をもっていない女性の結婚に関する意識調査や結婚生活のあり方などについての研究が行われるようになってきている。こういった意識調査や研究では，結婚後，女性により多く見られる性別役割分業観を払拭していくことや，女性の結婚生活と仕事，社会的な活動の両立を推進していくための方策，条件整備を目指す方向で進められてきている。つまり，制度婚，事実婚を問わず，女性も男性も「当たり前」に結婚をしていくものであるという考え方が前提となっているように思われる。それゆえ，障害をもっていない女性たちへの結婚に関する意識調査などでは，例えば，①結婚したら，家庭を守ることに専念した方がよい，②結婚しても子どもができるまでは，職業をもっていた方がよい，③結婚して子どもが生まれても，できるだけ職業をもち続けた方がよい[1]，といった質問項目が成り立つ。つまり，結婚をするかしないかというよりも，結婚してもなお自分なりの生活を送るために解決すべき課題は何かを明確にするための調査といえよう。

　しかし，女性障害者の場合，結婚生活を前提とした質問項目を設定しただけ

では，解決すべき課題は見えてこない。というのは，女性障害者にとっては，恋愛すること，結婚することそのものが解決しなければならない課題となるからである。「恋愛できるかどうか，結婚できるかどうかは障害があるなしにかかわらず，本人次第だ」という言葉を耳にすることがある。そして，結婚している女性障害者が皆無ではないのも確かである。しかし，20代，30代，40代の障害をもっていない女性10人に結婚しているかどうか，あるいは恋愛，結婚の経験はあるかと聞けば，10人中9人までは「ある」と答えるだろう。これに対し，障害をもっている女性の場合10人中9人までは「ない」と答えるだろう。とはいうもののこれは推測の域をでない。そこで，結婚している女性障害者の割合，結婚している男性障害者の割合を把握し，結婚している男性障害者の割合の方が結婚している女性障害者の割合よりも高ければ，女性障害者特有の課題を明らかにする手がかりになると考え，そういったことを示すデータを探してみた。

　『平成3年身体障害者実態調査報告』（厚生省社会・援護局更生課）によれば，配偶の状況については，①年齢階級別，②障害の種類別，③障害の程度別によって把握されており，ここからは女性，男性の性別による配偶者有りの割合を知ることはできない。女性，男性を問わず障害者全体で配偶者の有無を見ると，配偶者のいる身体障害者は62％，配偶者のいない身体障害者は30.7％と，配偶者有りの身体障害者の割合が高い。この数字を見る限りでは，障害をもっていることが結婚できるかできないかという一要因になっているとはいえないことになる。しかし，配偶の状況を障害の種別でみると，内部障害者の場合に配偶者有りが70.8％と最も高い割合を示していることから，障害をもっていることが結婚できるかできないかを決める一要因になっていないと決めつけることはできない。というのは，内部障害は40歳以降の壮年期に発生する割合が高く，障害をもってから結婚をするというよりも障害をもっていないときに結婚し，結婚後に障害をもった可能性が高いと思われるからである。『平成3年身体障害者実態調査報告』の配偶者の有無からは，女性障害者，男性障害者を問わず障害者全体の内の配偶者の有無の割合や，障害の種別ごとの配偶者の有無の割

合を把握することはできるが，女性障害者特有の課題をとらえることはできないと思われる。

2）『障害を持つ女性の生活実態調査』にみる配偶の状況

　一方，統計的な調査ではなく，女性障害者特有の課題を明らかにし，そこで明らかになったことを施策につなげる目的で，聞き取り調査による事例分析からの障害をもつ女性の生活実態の把握を試みた調査として，『障害をもつ女性の生活実態調査』(名古屋市市民局，1982年3月）がある。調査時期が1981年であり，データとしてはやや古いとは思われるが，障害をもつ女性にのみ焦点を当て，障害をもつ女性の生活実態を明らかにするために行われた調査がほとんどないという現状にあって，本調査報告は貴重であると思われる。これは，聴覚障害，視覚障害，肢体不自由といった女性障害者60名に対し，以下の11項目にそって行われた聞き取り調査である。11の調査項目は，①障害の発見とその対処，②医療と健康，③生活，④結婚，⑤出産，育児，⑥地域，⑦文化，スポーツ，レクリエーション，⑧ヘルパー，ボランティア，⑨教育，⑩将来の生活，⑪行政への要望である。[2]この調査結果では，既婚者が44名（73％）で，結婚している女性障害者の割合が結婚していない女性障害者の割合よりも高い割合を示している。ただし，既婚者44名の内39名（89％）が，障害者同士で結婚しており，障害をもっている女性と障害をもっていない人との結婚の割合よりも高い割合を示している。[3]このことから，障害をもつ女性と障害をもっていない人との結婚が成り立ちにくいということが推測される。しかし，障害者同士の結婚の割合が障害者と非障害者の結婚の割合よりも高い理由について明らかにはできない。また，出産，育児に関しては，結婚前，結婚後を含め，周囲から子を生むことを反対された人が既婚者全体の4分の1あったことを示しているが，子を生むか生まないかをなぜ周囲の人に反対されたのか，そして，なぜ周囲の人の意見に従わざるを得なかったのか，なぜ本人同士が子を生むか生まないかを決めることができなかったのかという理由までは明らかにされていない。

　『身体障害者実態調査報告書』からも『障害を持つ女性の生活実態調査』か

らも，女性障害者が直面する結婚，出産，子育てという壁について，なぜ結婚，出産，子育てが壁となるのか，その壁を崩すためにはどのようなことが必要とされるのか，壁を崩すことができる女性障害者と崩すことができない女性障害者の間の違いは何かなどについて明らかにすることはできない。

そこで，筆者は，結婚している女性障害者7名に，結婚に関する聞き取り調査を行うことにした。本調査が，女性障害者問題の本質を検討する際の手がかりになると考えたからである。

2．結婚している女性障害者への聞き取りのまとめ

筆者は，結婚している女性障害者7名に対し，1998年10月～11月に，おもに結婚に至った経緯と結婚後の生活について，以下の理由から聞き取り調査を行った。①障害をもつもたないにかかわらず，ライフステージの中で女性の生活の形は，結婚を一つの契機として変化すると思われたこと，②結婚に至った経緯を聞き取ることは，障害をもっていない人たちの女性障害者に対する見方を知ることにつながると考えたこと，③障害をもつ人たちが必要とする制度・施策の中にジェンダーの視点が入っているかどうかを探ることにつながる，と考えたからである。

本調査の調査項目は以下の通りである。(1)属性（年齢，障害名，身体障害者手帳等級，受障年齢，受障原因，一緒に生活している人），(2)結婚について（結婚した年齢，結婚年数，障害をもってから結婚したか，夫の障害の有無，結婚に至るまでに障害が原因で直面した問題，結婚に至るまでに障害が原因で直面した問題の解決方法），(3)出産について（子の有無，子有りの人に対しては，子の数，妊娠する前に考えたこと，妊娠中に困ったこと。子無しの人に対しては，子を生まなかった理由），(4)生活・子育てについて（結婚前と結婚後の炊事，洗濯，買い物などの家事の量について，家事を手伝ってもらっているかどうか，子育てについて障害があることが原因で直面した問題，子育てを手伝ってくれる人，どのような物，人，制度があったら家事や子育ての困難を感

じることがないか)，(5)その他日頃感じていること，あるいは「女性」であることと「障害者」であることで直面した問題について，である。以下，調査項目に沿って，調査結果をまとめる。

1) 属性

表1は，聞き取り調査対象者の属性である。

障害の状況については，7人中，6人が1種1級，1人が1種2級であり，障害の程度としては重度障害に分類される人たちである。受障原因については，7人中，3人が先天性，4人が疾病や交通事故による中途障害である。一緒に生活している人については，7人中，4人が夫と本人，1人が夫と本人の親，2人が夫と本人と子であり，7人中子無しが5人であり，子有りよりも多い。

2) 結婚について

結婚年数については，1年未満が1人（ケース5），2年以上5年未満が1人（ケース1），5年以上10年未満が3人（ケース2，ケース4，ケース7），15年以上が2人（ケース3，ケース6）である。

受障後に結婚したかどうかについては，7人全員が受障後に結婚している。

夫の障害の有無については，障害無しが4人（ケース1，ケース2，ケース

表1　調査対象者の属性

ケース	年齢	障害名 身体障害者手帳等級	受障年齢	受障原因	一緒に生活している人
1	32歳	アルトログリポージスによる四肢関節拘縮症・1種1級	0歳	先天性	夫
2	28歳	頸椎損傷・1種1級	16歳	交通事故	夫
3	42歳	脊髄腫瘍・1種2級	14歳	疾病	夫・子1人
4	31歳	脊髄損傷・1種1級	13歳	交通事故	夫
5	33歳	脳性マヒ・1種1級	0歳	先天性	夫
6	51歳	脊髄損傷・1種1級	20歳	交通事故	夫・自分の親
7	33歳	小児マヒ・1種1級	0歳	先天性	夫・子1人

4，ケース6），障害有りが3人（ケース3，ケース5，ケース7）である。

　結婚に至るまでに障害が原因で直面した問題については，反対の程度の差はあるが，夫の親に反対された人が3人（ケース1，ケース2，ケース4），自分の親に反対された人が2人（ケース6，ケース7），反対されたわけではないが，本当に結婚生活をやっていくことができるのかどうか心配され，やっていけなかったときのことを考えて籍を入れない方がよいと夫の親に言われた人が1人（ケース5），反対ではないが自分の親に心配された人が1人（ケース3）である。結婚を夫の親に反対された理由としては，「障害者の血が流れているので子にもその血が流れてしまうと困る」（ケース1），「夫となる自分の息子が苦労するから」（ケース2），「車いすで生活しているため炊事，洗濯などの家事が何もできず息子が苦労するのは目に見えているし，老後の親の世話もできないから困る」（ケース4）などである。結婚を自分の親に反対された理由としては，「障害をもっている娘のどこが気に入ったのかわからない」（ケース6），「夫になる人の障害が自分の娘より重度であるため，自分の娘が苦労するのは目に見えている」（ケース7）などである。これらの反対理由からは，女性が炊事，洗濯などの家事役割や夫や夫の親の世話などの役割が期待されており，障害をもっているためにそういった役割が果たせないと見なされていることが推察される。女性障害者には従来の女性に期待される性別役割と障害者であるがゆえに○○はできないだろうとみなされる障害者役割の二つの役割をどのようにして払拭していくかということが課題となると思われる。

　結婚に至るまでに障害が原因で直面した問題の解決方法については，7人全員が「女性，男性というよりも，障害者ですでに結婚している人に相談し」ている。また，「結婚する前には，ありとあらゆる人，ところに相談はした。結婚はしたものの，未だに未解決で夫の親には会っていない」（ケース1），「夫と2人で話し合い，夫の実家や親類宅へ頻繁に訪問し，何度も何度も会うこと（自分が車いすで生活していても，何もできない人間ではないし，自分の言動を見てもらうこと）で，自分を理解してもらうことにつとめた」（ケース4）などもある。結婚を反対された人もされていない人もすべてが，結婚している

障害者に相談しており，すでに結婚している障害者が重要な役割を果たしているといえよう。

3） 出産について

　子のいない人は，7人中5人，子のいる人は2人である。子のいない人については，子を生まない理由としては，「夫はあまり子が好きではないから，子育てを夫がどれだけ手伝ってくれるかわからない。生まれたら生まれたで何とかなるとは思うが，夫の協力が得られない場合，障害のある自分では，一人では育てきれないと思う」（ケース1，ケース2），「以前はフルタイムの仕事に就いていたが，仕事と家事の両立から体調が悪くなり，8年就いていた仕事を辞めた。しかし，現在も何らかの形で仕事に就きたいと思っており，仕事，家事，子育てすべてを行うことは多分体力的に無理だと思う。子はほしいけれど，生まない方がよいと思った。また，夫がどこまで子育てに協力してくれるかわからないし，自分には両親がすでにおらず，自分の両親の協力は全く考えられないため，生もうかどうか迷っている。完全に生まないと決めたわけではない」（ケース4），「夫も自分もかなり重い障害のため，自分たちのことだけで精一杯で，生活に余裕がないし，体力的なことを考えると子を生むことはできないと思った。障害がもう少し軽かったり，障害がなければ子を生んでいたと思う」（ケース5），「人間を育てることに疲れる自分を知っていたので親にはなれないと思っていたし，子をあまり好きではなかった。また，自分には生き甲斐をもって続けていける仕事があるので」（ケース6）である。生まない理由は，それぞれではあるが，子を生んだ後の自分の障害が重くなることや体力の減退に対する不安や，障害をもっているため，夫の子育てへの協力が得られなければ育てていくことはできないというように，子を生み，育てていくことが女性役割と見なされてきたことが，女性で障害者にとって，子を生みたいが生むことが難しいといった一つの要因になっていると思われる。

　子を生んだ人が，妊娠する前に考えたこととして「障害のため，一時期コバルトをかけており，それが原因で子に障害があったらどうしようと思ったが，

それほど深刻には考えなかった」(ケース3),「自分はそれほど思わなかったが,自分の親から,自分と夫のことでも大変なのに子ができたら今よりもっと大変になるので生むのはやめた方がよいといわれた。自分もそうかなとは思ったが,できたので生もうと思った」(ケース7)などがある。

4) 生活・子育てなどについて

結婚前と結婚後の炊事,洗濯,買い物などの家事については,結婚後の家事が増えたと感じる人は7人中2人(ケース1,ケース4),結婚後に家事の負担は感じない人が5人(ケース2,ケース3,ケース5,ケース6,ケース7)である。家事の負担が増えたと感じない理由として,「自分が外で働き,夫が炊事などをほとんど行うという生活を選んでいる」(ケース2),「結婚する前は,実家にいたため,炊事,洗濯などを母親がやってくれた。結婚してから初めて料理を作ったり,掃除をしたりすることなど,女らしいことができるということで嬉しかった」(ケース3),「乾燥機機能の付いた洗濯機や食器洗い機のように機械でできることは,値段が高くても機械を使い,食事などは外食やお弁当などですましている」(ケース5),「夫がいることで食事作りなども行うため,自分の健康管理につながっていると思う」(ケース6),「毎日介助者にきてもらっている」(ケース7)である。

子育てについて障害があるため,直面した問題について,「子をお風呂に入れたり,保育園へ送り迎えしたり,おむつはずしのトレーニングなどは,自分一人ではできなかった」(ケース3,ケース7)ことをあげている。この解決方法として,「月曜日から金曜日までは夫と協力してなんとかやっていたが,土曜日曜は,別居している夫の両親に子を預かってもらっていた」(ケース3),「ボランティアさんや介助者に手伝ってもらっている」(ケース7)である。また,「保育園や小学校の行事には必ず参加することにしているが,体を動かして親も一緒にやらないといけない行事は,先生がかわりにやってくれたのでそれほど問題はなかったが,もし理解のない保育園や小学校であれば苦労したかもしれない」(ケース3,ケース7)である。

家事，子育てに困難を感じずに結婚生活を送ろうとした場合，ほしい制度や社会資源などについては，子育てをも含めた介助制度（子がお腹のなかにいるときからの介助制度）がほしいという人が，2人（ケース1，ケース4），緊急の時に手伝ってくれる人や近隣，地域の人の援助がほしい人が2人（ケース4，ケース5）であった。

5） その他日頃感じていること，あるいは「女性」であることと「障害者」であることで直面した問題

7人中4人は，「別に普通に暮らしているので，それほど大変だとか困難は感じない。大変なことや困難なことがあっても，その都度何とかやっているので別にこれといって障害のない人たちと変わらない生活をしている」（ケース2，ケース3，ケース5，ケース7）という内容の答えが返ってきた。一方，「『障害者』というよりも『女性』の困難を感じる」としながらも，「ただ，結婚を反対された理由に，障害者の血が流れているので，子にもその血が流れてしまうという理由があった。多分，男だったらそこまではいわれないだろうとも思う。家事に関しては，ある程度，夫や他人に依頼できるけれど，『子を生む・育てる』ということは，多分他人に任せられない部分や頼みたくない部分があると思うので，『子育て』ということになると自分は『女性障害者』を強く感じるのではないかなと思う。また，結婚して2年目で，生活も落ち着いてきた。『そろそろお子さんは？』と聞かれることも多く，この言葉がプレッシャーになっている。というのは，自分の障害が医学的に障害の原因がつかめていないだけに，2分の1の確率で遺伝するといわれており，これが一番子を生むことに踏め込めない理由となっている。自分自身，障害をもちこの世に生を受けて良かったとは思うが，そう思えるのは，両親や周りの人たちのおかげだと思っている。結局，障害をもって生まれてくるかもしれない自分の子に障害をもって生まれてきて良かったと言えるだけの環境を自分自身が与えることができる自信がない。もう一つの理由は，自分自身の仕事を中断して子育てをするというのが怖いとも思う」（ケース1）や，「今まで就いていた仕事はやめた

が，今，また仕事を探し始めており，電話での問い合わせの際に，障害の状況や出産の予定を聞かれると，どうしてそんなことを聞くのだろうと思う」（ケース４）などと答えた人もあった。

3．聞き取り調査にみる女性障害者問題とその背景にある障害者観

聞き取り調査の対象者が７名と少なく，本聞き取り調査結果から女性障害者全体の問題をとらえきることはできないとは思われる。しかし，以下の点を明らかにできた。それは，①炊事，洗濯などの家事役割，子を生み育てるという子育て役割，夫の親を看取るという介助役割が女性の役割であると見なされていること，②周囲の人たちが，従来女性の役割であると見なされてきた役割を女性障害者では果たすことができないと最初から決めつけていること，③障害をもつ子を生む可能性のある先天性の女性障害者が子を生むことを，周囲の人たちが否定すること，④女性障害者が結婚生活，出産，子育て，夫の親を看取るということまでをも含む介助体制が整っていないことなどである。そして，こういった表面化された問題の背後には，より本質的な問題として，①障害をもっていない人たちが女性障害者を，自分たちとは「異質」な者としてとらえてきたこと，②障害をもつ人たちを価値のない者，価値の低い者としてとらえてきたこと，③社会が女性障害者を「女性」性を持つ一人の人間としてとらえてこなかったことなどを挙げることができよう。

以下，障害をもつ人がどのように見なされてきたかについて整理する。

１）異質な者として

女性，男性を問わず，従来，障害をもつ人たちは，良きにつけ悪しきにつけ障害をもっていない人たちとは異なる存在として見なされてきた。

例えば，原始時代に見られた不具者崇拝[4]，江戸時代後期に見られた福助信仰・福子伝承[5]などは，障害をもつ者を異形・異質な者とみなし，異形・異質であるがゆえに，障害をもっていない人たちとは異なる力，霊力をもつ者とし，

畏れ敬ったことを表す代表例といえよう。また，江戸時代後期に『群書類従』の編纂を手がけた視覚障害をもつ塙保己一(6)は，障害をもっていても，偉業を成し遂げた人の代表例といえよう。つまり，障害をもつ者を肯定的にとらえようとする見方といえよう。

一方，『古事記』『日本書紀』の中の「蛭子神話」のように，三歳になっても足のたたない蛭のような「グニャグニャした」子・障害をもつ子を遺棄・殺害(7)した例や，触穢思想のように，五体に欠損のある者・障害をもつ者を穢れた者として，獣に近い者としてみなすという(8)例がある。これらは，障害をもつ者たちを否定的にとらえている見方といえる。

ここで，重要なことは，障害をもつ人たちを肯定的にとらえるか否定的にとらえるかということよりもむしろ，肯定的にとらえるにしろ，否定的にとらえるにしろ障害をもつ人たちが障害をもっていない人たちとは異なる者，違う生き物としてとらえられてきたということである。前述の塙保己一の例に見られるように，偉業を成し遂げたという功績そのものを取り上げるというよりも，視覚障害をもっていても偉業を成し遂げた人，つまり，塙保己一を等身大に受け入れるというよりも，「障害者であっても，偉業を成し遂げることはできるのだ」というとらえ方がなされている点は，実は障害児・者を遺棄・殺害するというとらえ方と表裏一体であるように思われる。そして，現在も障害をもつ人たちを異質な者としてとらえる見方は依然として残っていると思われる。

2） 価値のない者・価値の低い者として

従来，障害をもつ者は価値のない者，価値の低い者として見なされてきた。

ヒトラー統治下のナチスドイツにおいては，T四計画と呼ばれた障害者「安楽死」計画が行われ，20万人以上の人間が殺された。1933年には，「断種法」（「遺伝病子孫予防法」）が制定され，ナチスドイツ体制のもとで優れた生を残すことができないと見なされた人たちは，強制的に断種の外科的手術を施された。その数は30万人から40万人であったとされている。(9)1935年制定の「結婚と健康」法では，「遺伝子検診を通って，結婚するのに適しているという医者か

らの証明書を得てからでなければ、そのカップルの結婚届は受理されない」と されていた。断種法や結婚と健康法のもとでは、障害をもつ人たちは、結婚も 子を生むこともできなかった。

　わが国でも、1948年に「優生保護法」が制定された。これは、1940年制定の 「国民優生法」を改正した法律である。「優生保護法」は「優生の見地から不良 な子孫の出生を予防する」目的で制定された。1996年には、「優生保護法」が 改正され、「母体保護法」が制定された。「国民優生法」「優生保護法」「母体保 護法」と名称が変わっても、その根底にある考え方は変化していない。という のは、母体保護法第14条では、以下の五つの場合には、人工妊娠中絶が認めら れている。それは、①本人か配偶者に精神障害か遺伝性の障害がある場合、② 本人か配偶者の四親等以内に遺伝性の障害がある場合、③本人か配偶者がらい 疾患にかかっている場合、④妊娠の継続または分娩が、身体的または経済的理 由により、母体の健康を著しく害するおそれのある場合、⑤暴行や脅迫により、 抵抗できない間に姦淫されて妊娠した場合である。たしかに、母体保護法は女 性という視点から考えると、画期的な法律といえよう。しかし、障害をもつ人 たちという視点から考えると、障害をもつ人たちは「生まれてきてはいけない 存在」、「生きる価値のない存在」という考え方が、依然としてその根底にある。

　障害をもっているいないにかかわらず、年をとっているかいないかにかかわ らず、女性、男性にかかわらず、その人が生まれ、生きていることそのものに 価値があるという人間観・倫理観は、現在もなお希薄であるように思われる。

3）「女性」性，「男性」性を持たない「無」性の者として

　従来、女性、男性を問わず、障害をもつ人たちは「女性」性，「男性」性を 持たない「無」性の者として見なされてきた。それは、女性には、女性「らし さ」、男性には、男性「らしさ」が求められ、障害をもつ人たちには女性に期 待される、家事役割、出産、子育て役割、老親の介助役割、男性に期待される、 稼ぎ手の役割、家族を扶養する役割などを果たすことができないと見なされて きたからといえる。

同時に，周囲の考え方に障害をもつ人たちも取り込まれてしまい，自分自身を「無」性であるかのように思いこみ，自分で自分を抑圧する場合が多い。

　近年，仕事を持つ女性が増え，結婚をするかしないか，いつ結婚をするか，子を生み育てるか育てないかなどを女性自身が選択できるようになりつつある。しかし，こういった流れは，障害をもっていない女性たちのことである。女性障害者は，自由に職を持つ自由，自由に恋愛・結婚をする自由，自由に子を生む自由を持つことができていない。

　昭和の新聞記事から，障害をもっている人たちに関連して起きた事件を収集し，それらを基に，障害をもつ人たちを自殺に追い込んだり，障害児・者殺害を容認するような社会構造を分析した生瀬克己が，その著『「障害」にころされた人びと——昭和の新聞報道にみる障害の者（障害者）と家族』の中で，「堅固きわまりない役割分担のなかで生きるしかなかった男女の間に置かれた障害の者は，成長しても，そうした堅固な役割分担からこぼれ落ちるとされるがゆえに，いわば，その閉塞的な役割意識に圧死させられたともいえよう」，「若い女性にとっても，自分が障害の者であるということは，たんに身体の不自由に堪えながら生きなければならないというだけではなかった。女性にとっては，障害とは，その人生から『結婚』を奪ってしまうことにもなるからであった」としている点は注目に値する。氏はさらに，自分の障害を苦に自殺した女性障害者の例を挙げ，「結婚できないということは，彼女たちにしてみれば，生きていく気力さえ失せてしまうほどに，その人生に絶望されるに十分であった」と指摘する。これらは，昭和の時代に見られたことではあるが，今なお，このような考え方が根底に流れていると思われる。そして，今なお女性障害者は，性別役割観と障害者役割観の二つの壁を破ることはできていないといえよう。

おわりに

　本論では，筆者が1998年10月から11月に行った結婚している女性障害者7名への聞き取り調査結果をまとめることを通して，女性障害者問題発生の社会的

な背景の一端を浮き彫りにすることを試みた。

　女性障害者には，男性障害者が直面する問題に加え，女性であるがゆえに直面する問題があるといわれてきた。女性障害者特有の問題が端的かつ総合的に表れるのは，結婚生活であると考え，女性障害者問題発生の社会的な背景の一端を浮き彫りにする際の素材として，女性障害者の結婚を取り上げることにした。

　1993年には，障害者基本法が成立し，1995年には「障害者プラン」が策定された。プランの中では，「心のバリアを取り除くために」という項目がある。このような項目は，今までの計画の中には見られない項目である。障害をもつ者たちが，「価値ある人間」として，「当たり前の生活」を送るためには，地域社会の人たちの心のバリアを取り除くことが必要となる。心のバリアを取り除くことと物理的なバリアを取り除くことは実は表裏一体であると筆者は考える。

　まずは，障害者が障害者である前に「女性」性，「男性」性を持つ人間であるという見方を定着させることが必要といえよう。これは，同時に，性別により異なるサービスの構築につながるのではないかと思われる。そのためには，女性，男性障害者別のニーズを把握できるようなデータ収集が課題となろう。

注・引用文献

(1) 大橋照枝［1998］『未婚化の社会学』日本放送出版協会：93-4.
(2) 『障害を持つ女性の生活実態調査』［1982］名古屋市市民局，1982年3月：4-5.
(3) 同上：10.
(4) 河野勝行［1988］『障害者の中世』文理閣：15.
(5) 花田春兆［1997］『日本の障害者——その文化的側面』中央法規出版：136-9. 生瀬克己［1993］『「障害」にころされた人びと——昭和の新聞報道にみる障害の者（障害者）と家族』千書房：173-175.
(6) 花田春兆［1997］前掲書：109-111. 後藤安彦［1988］『逆行の中の障害者たち——古代史から現代文学まで』千書房：117-124.
(7) 河野勝行［1998］前掲書：5. 後藤安彦［1988］前掲書：9-16.
(8) 河野勝行［1988］前掲書：9-14.
(9) ギャラファー，H.G.，長瀬修訳［1996］『ナチスドイツと障害者［安楽死］計画』現代書館：205-206.

⑽ 同上：207.
⑾ 生瀬克己［1993］前掲書：116.
⑿ 同上：117.

参考文献
安積遊歩［1993］『癒しのセクシー・トリップ——わたしは車イスの私が好き』太郎次郎社
井上輝子・上野千鶴子・江原由美子（編）［1996］『日本のフェミニズム⑥　セクシュアリティ』岩波書店
神田道子・木村敬子・野口眞代（編著）［1994］『新・現代女性の意識と生活』日本放送出版協会
厚生省社会・援護局更生課（監修）［1994］『日本の身体障害者——平成3年身体障害者実態調査報告』第一法規
NHK放送文化研究所（編）［1998］『現代日本人の意識構造［第4版］』日本放送出版協会
佐藤久夫［1995］『障害者福祉論』誠信書房
杉本貴代栄［1997］『女性化する福祉社会』勁草書房
障害者の生と性の研究会［1994］『障害者が恋愛と性を語りはじめた』かもがわ出版

第10章　ソーシャルワーク実践における
　　　　　ソーシャルワーク倫理の再検討

吉田　恭子

はじめに

　本論においては，ジェンダーから派生するニーズに対して現在のソーシャルワーク実践が十分な応答をしているとは言えないとの問題認識に立ち，日本におけるソーシャルワーク実践の実状をフェミニスト倫理の視点から再検討することを目的とする。

　日本におけるソーシャルワーク実践が女性ゆえのニーズに応答できていないという問題の背景には，構造化されたジェンダーに対する「繊細さ」(gender sensitivity) の獲得の促進に消極的なソーシャルワーク教育の現状，ジェンダーから派生するサポート・ニーズを周縁化し続ける社会保障・社会福祉制度の構造的問題，そして何より，ソーシャルワークにおける価値と倫理をめぐる議論にジェンダーという視座を反映させるための具体的努力を，ソーシャルワーク領域における実践家および研究者がほとんど担ってこなかったという反省が存在する。

　こうした諸状況のなか，相談者の間からは，主訴を提示しても十分な応答が得られなかった，あるいは「セカンド・レイプ」に代表される二次的被害を負わされたなどの批判が提起され，さらには実践家からも，不十分な資源と無理解な環境の中で直面せざるを得ない数々の葛藤や苦悩の経験が報告されている。構造化されたジェンダーによってもたらされるニーズや心配事に対するソーシャルワーク実践をめぐっては，多岐にわたる倫理的課題が存在しており，

そのほとんどが今なお克服されずに積み上げられたままとなっているのが実状と言える。

しかしながら，性に基づく抑圧が構造化された家父長制社会において，多くの女性が不合理な状況に追いやられ，家族や恋人などの親密な人間関係の中で，あるいは職場や学校，地域社会の中で，有形無形の被差別体験を余儀なくされたり，暴力の危険にさらされたりしていることは各所で指摘されている通りであり，これらの被害に苦しむ女性たちの訴えを真摯に受け止め，その求援的行動に対して適切に応答することは，現代社会が取り組むべき緊急課題の一つに位置づけられる。女性に対する抑圧構造を解体し，ジェンダーに基づく差別のない，公正な社会を構築するために，ソーシャルワーク実践がどのように貢献できるかが今，問われている。

こうした問題意識に基づき本論では，ソーシャルワーク実践における価値と倫理をめぐる問題に焦点を当て，それをフェミニストの視点から考察することを通して，構造化されたジェンダーから派生するニーズに対してソーシャルワーク実践が考慮すべき倫理的責任を指摘する。そのことにより，女性ゆえのニーズに応答可能なソーシャルワーク実践を実現するうえで必要とされるフェミニスト倫理のありようについて展望したいと考える。

1. フェミニスト倫理とは何か

1） フェミニズムの主張とソーシャルワーク実践へのその意味づけ

女性に対するソーシャルワーク実践における倫理的問題をフェミニストの視点から考察するうえで，これまでのソーシャルワークが女性たちの声をどのように受け止め，そのニーズをどのように理解してきたかを辿ることは重要なことである。しかしその前に，ソーシャルワーク実践を含む社会の女性に対するありようについて一つずつ明らかにし，「見えない」問題に名前をつけ，女性たちが「公的な声」を獲得する過程において多大な貢献をしたのは，ほかならぬ女性たち自身によって担われてきた種々の社会運動——フェミニズム——で

第10章　ソーシャルワーク実践におけるソーシャルワーク倫理の再検討

あったという事実をあらためて思い起こし，それに対して正当な評価を付与することは，より一層重要なことと思われる。なぜなら，「行為を行う主体とその行為の影響を受ける者との関係におけるパターナリズムに敏感にならなければならない」[1]というフェミニスト倫理の主張は，女性解放運動（Women's Movement）が培ってきた基本認識に由来するからである。

リベラリズムに支えられた20世紀初頭の第1期フェミニズムに対して，1960年代後半以降の第2期フェミニズムは，ジェンダーを問題化するという点において新たな時代を切り拓いたと言える。草の根の女性に広がっていったフェミニズムの流れの中で，女性たちは自らの抑圧を語る「公的な声」を獲得し，家父長制の中で潜在化させられていた数々の問題を，ジェンダーに基づく抑圧であると立証する作業に着手し始めた。構造的な束縛が個々の女性にもたらす精神的苦痛や物質的剥奪を顕在化させ，社会問題化していく一方で，レイプ・クライシス・センターや女性シェルターを設立・運営するなど，女性の生活にすぐさま直結するインパクトを女性たち自身の手によって創り出し，優れたフェミニスト実践を数多く生み出したことは，女性解放運動の大きな成果として指摘できる。

しかしながら，ここで忘れることができないのは，これらの女性解放運動が，絶え間ないバックラッシュ——反動勢力からの逆襲——とも闘い続けてこなければならなかったという現実である。ある時はあからさまに攻撃され，ある時は"からかい"と"嘲笑"の空気にさらされ，女性一人ひとりが経験する痛みや怒りの背景には男女間の不均衡な社会的力関係があるという女性解放運動の問題提起は周縁化されるか無視されてきた。「女性への暴力」や「貧困の女性化」，「国際移住労働の女性化」など，今や国際的課題として取り上げられている社会事象に対してさえ，それを社会的文脈と切り離して個人の内的問題に矮小化しようとする動きはしばしば再燃し，いまだに一定の勢力を保持していることは，そのよい例である。

残念ながら，こうした状況は，ソーシャルワーク領域においても同様であると言わざるを得ない。特に日本においては，ソーシャルワーク実践に内在する

173

ジェンダーをめぐる倫理的問題の多くはほとんど検討されておらず，いまだに「見えない」問題とされたまま置き去りにされているのが現状であろう。人々のニーズや心配事に関心を寄せ，差別や剥奪といった社会問題に敏感であることを倫理綱領に掲げるソーシャルワーク実践において，ジェンダーゆえに派生する女性たちのニーズがこれほどまでに重視されずにきた事実は，驚くべきことである。この点については別途詳細な検証が必要だと思われるが，とりあえず今ここで言えることは，ソーシャルワーク実践のみならず，社会福祉全体がいまだに，女性ゆえのニーズに十分応答できてないという現実である。それはすなわち，女性のニーズをニーズとして適切に認知する方法論を持ち得ていないことを意味している。

女性ゆえのニーズに対する正確な把握と適切な応答を可能にする方法論を獲得するために，ソーシャルワーク実践は今，フェミニズムから学び，その成果を取り入れることを求められている。それは，人々のニーズに適切に応答するという専門職としての使命を果たすうえで不可欠な課題であり，また，専門職から誠意ある支援を得られずに独力で苦闘してきた女性たち一人ひとりの願いでもあると言える。

2） フェミニズムの視点と価値志向——フェミニスト倫理がめざすもの

フェミニズムとは，「社会の女性の扱い方に何か間違ったところがあると知覚することから始まり，女性の抑圧の原因と規模を分析し，女性解放を実現しようとするもの[2]」であると定義される。ジェンダー関係に構造化された社会的力関係の不均衡を認知し，そうしたパターンが女性への抑圧をどのように成り立たせているかを明らかにするとともに，女性の抑圧を維持・強化することを意図して社会的に埋め込まれたジェンダーに基づくヒエラルキー構造を除去することを目標とする。

フェミニストの視点に立つということは，単に，生物学的な意味における女性の視点に立つことや，分析の指標に中立的な意味での「性差」を導入することを意味するのではない。それは，女性抑圧の諸状況に対する「繊細さ」を備

えた視座，すなわち「ジェンダー・レンズ」（gender lens）(3)を通して，社会と人間のありようと眺めるということである。女性に対する抑圧の構造は，複合的・多層的であるだけでなく，それ自体では無害に見えるように，社会的文化的に埋め込まれている。それゆえ，女性抑圧の状況を描写し，そのメカニズムを可視化しようとするならば，ジェンダーを基底に構造化された社会的不平等と抑圧の現実に対する知覚が前提条件となる。

　フェミニストの視点に立つということはまた，女性抑圧の現状に終止符を打つことをめざし，新しい関係や改善された諸制度の創造を意図する変化志向（change-oriented），あるいは実践志向（practice-oriented）の立場を表明することでもある。(4)そこでは，女性たち一人ひとりが自らの置かれている状況に対する理解を深め，それを変えていく力を獲得すること，すなわち，コンシャスネス・レイジング（consciousness-raising）とエンパワーメント（empowerment）が重視される。

　こうした視点に基づきフェミニズムは，「個人的なことは政治的なこと」（personal is political）という新たな価値観を提示し，一人ひとりの女性によって生きられている社会的諸現実に焦点を当て，日常の生活世界における個人的な経験を社会的文脈（context）の中に位置づけて解釈する方法を開拓した。女性たち一人ひとりが語る言葉や意味づけによって構成される個人的な経験は，夫婦や家族などの"私的な"（private）関係の中に構造化された女性抑圧の実態を明らかにするとともに，"私的な"関係に埋め込まれたジェンダーが，制度化された規範となって，女性抑圧の構造化といかに連動しているか，そのメカニズムを浮き彫りにする。こうしたフェミニズムの方法論を用いることによって，「現実を概念化し，名前を与え，カテゴリー化する力を奪われた歴史的に埋もれた人々の巨大な集団」(5)であった女性たちは，女性を二重拘束の状態に追い込む規範と抑圧の関係への気づきと，そうした状況を自らの経験から定義し名づける力を獲得したのである。(6)

　フェミニストたちは現在，女性の犠牲化の上に成り立つ社会の安寧に疑問を呈し，規範と抑圧との相互作用を顕在化させることに力を注いでいる。女性の

175

苦境に対する社会の関心を促し，性に基づく搾取と抑圧から女性を解放する社会正義の実現を希求している。フェミニストたちはまた，「性差別の抑圧で最も犠牲になっている女性——毎日のように精神的に，肉体的に，さらには信仰上うちのめされている女性たち[7]」の嘆きに耳を傾け，「人生における自らの状況を変える力を奪われている女性たち[8]」に力を付与することに心を砕くとともに，「他者を慰め，感情移入し，ケアするという関係性を尊重する規範の下で，自分自身の欲求よりも他者のニーズを充足することを求められてきた女性たち[9]」に自らの感じ方を表現することを鼓舞し，「性をめぐる二重規範のもとで不当な責めを負ってきた女性たち」に，「あなたは悪くない」というメッセージを発信し続けることを，その使命であり倫理的責務であると考えている。

フェミニストが描くビジョンとは，「性的暴行，暴力，ポルノグラフィがない世界…女性や子どもが屈辱や貧困の不安に追いやられることなく，女性が自分の生殖活動をコントロールし，女性自身が養育や教育を受けられ，他者の養育や教育に全面的な責任を負わさせられることのない世界[10]」である。その実現のためにフェミニストは，ジェンダー中立的であるように見せかけて，実際には女性がいつも責められ無視されるようなパブリック・アリーナを形成する性差別主義的な倫理に挑戦する。女性抑圧の除去に焦点を当てた新たな倫理の創造が模索されている。

2. ソーシャルワークの価値・倫理をめぐる議論とジェンダー

1） ソーシャルワークにおける価値とジェンダー

ソーシャルワーク実践において，どのような価値が志向されるべきなのか，また，それをどのように遂行するのかという問いは，長い間，議論の的となってきた。なぜなら，ソーシャルワークが専門職として発展する歴史のなかで，常に追求されてきたのは，その理論的，技術的発展と同時に，「何のための実践なのか」，すなわち，どのような価値を志向し，それをどのように遂行するのかという問いへの答えを見出すことだったからである。

第10章　ソーシャルワーク実践におけるソーシャルワーク倫理の再検討

　それゆえ，ソーシャルワークにおける価値の追求は，理論的蓄積や技術的発展とならんで，ソーシャルワーク実践の専門性を構築する共通基盤の重要な構成要素であると認識され，ソーシャルワーカーの訓練課程においても，価値に関する知識と気づきをもたらす教育の重要性が強調されるようになったのである。そしてしだいに，「クライアントの自己決定を促し，クライアントの多様性を尊重し，人々が自己実現を達成するために必要とする機会と資源を提供し，クライアントのエンパワーメントを涵養し，社会正義を促進し，クライアントの機密を保護し，同僚を尊重し，専門家として行った行為に対する責任を受け入れ，個々人が持つ尊厳と真価を支持する」といった諸概念が，ソーシャルワーク専門職の核を構成する専門的価値であるとの合意が形成され，現在に至っている。

　しかしながら，これらの専門的価値は，特定の行動指針というよりはむしろ，より普遍的かつ広範な価値志向を表明したものに過ぎない。それゆえ，その実際の遂行場面においては，さまざまな価値志向を反映した多様な価値選択が行われているのが現実であり，その結果，非常に残念なことだが，人類が直面している幾つもの苦境やニーズが「中心」と「周辺」に割り振られるという事態もしばしば，生じている。

　それはすなわち，たとえソーシャルワーク実践が，差別や不公正に反対を表明し，その根絶に最善を尽くすことを倫理綱領に掲げていようとも，その意志決定と行動には必ず，何らかの価値選択が伴っているのが現実であり，その帰結として，価値遂行の実際場面においては，優先される価値があれば，下位に置かれる価値も存在していることを意味している。こうした前提を踏まえた上でマクガワン（McGowan, B.G.）は，以下の四つのコンテクストを例に挙げながら，ソーシャルワーク実践の意志決定と行動にみられる価値選択の諸状況について概説している。

　まず第1に挙げられているのは，各機関におけるミッション・ステイトメント（mission statement）である。マクガワンは，「誰に奉仕し，何を目標とするかについての決定は，いつも諸価値の中からの選択を反映している」ことを指

摘し，「"犯罪予防"や"家族生活の向上"といった明らかに中立的にみえる目標でさえ，どの社会問題が優先順位を与えられるべきかについての決定に依拠している」ことを念頭において，各機関のミッション・ステイトメントを注意深く読むことを勧めている。

第2に挙げられているのは，援助過程の中で，注目の焦点を最初にどこに当てるかという点である。これはすなわち，ある状況の中でニーズの異なる複数の当事者がいた場合，まず初めに，誰のために，何をするかという選択を意味している。したがって，個々のワーカーがターゲットとして設定する問題や状況は，必ずしも「来談者にとってのニーズ（Felt Needs）」と一致するとは限らない。マクガワンはここで，リーマー（Reamer, F.G.）の研究を引用しながら，援助活動を展開していくうえで必要と思われる幾つかの介入ポイントのうち，どれを優先するかという決定は，「どれを最も望ましい」と考えるかという，個々のソーシャルワーカーの価値志向に，部分的には依拠していると述べている。

第3に挙げられているのは，限られた資源と時間の中で優先されるクライアントは誰かという問いである。ソーシャルワーカーは一般に，多くのクライアントを抱えた状況の下で援助活動を展開している。そうしたなかにあって，どのクライアントにより多くの時間を捧げるのか，限られたサービス量の中で，どのクライアントにそのサービスへのアクセスを保障するのかについて，ソーシャルワーカーは日々，決定していかなくてはならない。こうした現状に対してマクガワンは，そのような決定は，「どのクライアントが最も価値があるか，あるいは援助に値するか，そして，どういった種類の問題に最大の関心が払われるべきかについての価値選択を反映している」というルウィス（Lewis, H.）の主張を引用し，これに同意している。

そして第4に挙げられているのは，援助過程の中で用いられるアプローチがどのように選択されているのかという問題である。マクガワンはここで，ローウェンバーグ（Loewenberg, F.M.）の議論をとりあげながら，ソーシャルワーク実践を展開していくうえで応用可能な中範囲理論が圧倒的に不足しているた

めに，多くのソーシャルワーカーは，ケースに適用する理論的アプローチを決定する際に，その有用性よりもむしろ，自分自身の個人的な価値志向や，当事者間の利害の中で首位を占めているものに依拠しがちであるという事実を指摘している。

翻って，本論の冒頭で掲げた問い，すなわち「日本におけるソーシャルワーク実践はなぜ，女性ゆえのニーズに対し，これまで充分な応答し得ずにきたのだろうか」という問いについて，ここでもう一度考えてみると，そのより具体的な解答は，マクガワンが指摘した価値選択をめぐるコンテクストの中に見出すことができる。

例えば，まず初めに指摘できるのは，ソーシャル・サービスやプログラムの立案にあたって，女性の苦境に着目し，そのニーズに応答するという課題が選択されることがこれまでほとんどなかったという現実である。「誰に奉仕し，何を目標とするか」という議論をめぐって，日本の社会福祉政策やソーシャルワーク機関が，構造化されたジェンダーに着目したことは，ほぼ皆無と言ってよく，わずかに存在する実践のほとんどは，草の根の女性たちの自助努力によって生み出されたものである。このことは，社会福祉政策を展開し，あるいは機関のミッション・ステイトメントを策定する過程において，女性ゆえのニーズが常に下位に置かれ，重要課題として選択されることなく，たえず周辺化されてきたということを意味している。

また個々の実践においても，ある状況の中でニーズの異なる複数の当事者がいる場合，注目の焦点として女性のニーズが優先されることはこれまで，実際にはほとんどなかったと言える。当事者間の利害が生じるなかで，女性はしばしば「犠牲的」役割を担わされ，そのニーズや心配事への応答は，多くの場合，棚上げにされるか無視されてきた。こうした経験を積み重ねるなかで，女性たちは，自分たちの心の痛みや苦境が，共感とともに受け入れられ，尊重され，ケアされる場はほとんどないのだという現実を悟っていく。女性のニーズの周辺化は，女性たちの孤立無援感へとつながっているのである。

こうした状況は，ソーシャルワーク実践を展開していくうえで提供され得る

資源と時間には限りがあるという現実の下で、さらに厳しいものとなる。限られた資源と時間の分配にあたって、援助に値するクライエントと関心を払われるべき問題が選別されることにより、女性はしばしば「非難される犠牲者」にされる。外部への求援的行動が必ずしも役に立つとは限らないことだけでなく、ともすれば、自分の落ち度を責められ、罪悪感を負わさせられる結果になりかねないということを、女性たちは経験的に知っているのだ。

こうした状況を打破するためには、女性のニーズを的確に把握し、その苦境の軽減のために協働できるソーシャルワーカーを育成・拡充していくことが不可欠であると思われる。ブトゥリム (Butrym, Z. T.) [16]が述べているように、「人類の苦境の軽減 amelioration of the human predicament」(p. 65) への努力に対するコミットメントは、ソーシャルワークが掲げる基本的な目標であり、それは、「何か抽象的な、はるか遠くの理想にかかわることではなく、ひとりの人間あるいは人間集団の、具体的な生活状況にかかわること」(p. 56) を意味している。女性という集団、そして、その集団を構成する個々の女性によって生きられている生活世界への深い理解に根ざした新たな価値の創造と実践が求められている。

2) ソーシャルワークにおける倫理とジェンダー

価値とともに、ソーシャルワーク実践において非常に重要な役割を果たしているのが、倫理という概念である。マクガワンによれば、価値と倫理はしばしば交換可能な用語として使用されているが、それらは異なる概念を示している。例えば、価値は「よきもの (good)、望ましいもの (desirable)」に関連しているのに対し、倫理というのは「適切 (right) かつ正しいもの (correct)」(p. 21) を扱うと言われる[17]。すなわち、ソーシャルワークにおける価値と倫理は、専門職が何を信じ、いかに行動すべきかを概念化したものであり、価値をどのように行動に翻訳したらよいかを示唆した基本指針の一つに、いわゆる「倫理綱領 (Ethical Code)」がある。

ソーシャルワーク先進国であるアメリカ合衆国の職能団体「全米ソーシャル

ワーカー協会（NASW）」（1955年設立）において，最初の倫理綱領が採択されたのは1960年のことである。19世紀末より，ソーシャルワークの専門職化に向けたさまざまな努力が払われてきたにもかかわらず，倫理綱領の発表がここまで遅れた理由としてリーマーは，20世紀半ばまで続いた科学および科学的手法への傾倒を挙げている。専門職としての地位を獲得しようとするコンテクストの中で，経験的に取り扱うことのできる問題に焦点が当てられ，知識の蓄積や技術開発が重視される一方，価値や倫理に関する議論は置き去りにされた。

　しかしながら，ソーシャルワークにおけるこうした姿勢はやがて，大きな批判にさらされることとなる。1960年代から70年代にかけて，全米各地で展開した公民権運動，障害者運動，福祉受給権運動，女性解放運動の中で，抑圧される側の苦境から距離を保ち，そのニーズに応答しようとしないソーシャルワークへの失望が内外で高まった。社会における既成の枠組みや概念が根本から問い直されるなかで，ソーシャルワーカーもまた，実践における倫理的ジレンマに苦悩し，価値や倫理をめぐる議論に高い関心を寄せられ始めた。

　こうした状況を受けて全米ソーシャルワーカー協会では，「ソーシャルワーク実践は，価値に基づかれなくてはならない」という基本理念をあらためて打ち出し，レヴィ（Levy, C. S.）を議長とする倫理対策委員会を設置して，現行倫理綱領の見直しに着手した。その成果は，1979年に採択された改訂版倫理綱領に集約され，現在においても，ソーシャルワーク専門職の行動指針として採用されている。

　一方，日本におけるソーシャルワーク実践の専門職化および倫理綱領の成立については，資格制度をめぐる議論との密接な関連が指摘されている。戦後，慈善としての救済事業から権利としての社会福祉へと，日本におけるソーシャルワーク実践の様相が根本から変化を遂げるなかで，福祉労働者の待遇改善や専門職としての社会的認知を求める声が高まると同時に，その社会的，倫理的責任が問われるようになった。また，政治的には，きたるべき高齢化社会に備えたマンパワーの確保に向けて，ソーシャルワーク実践における国家資格の制度化が議論され始めるようになった。

しかしながら，ソーシャルワークにおける専門教育の実施体制が充分整ってはいない状況下での資格化に対しては慎重な議論が相次ぎ，早急な資格化よりもむしろ，ソーシャルワークの専門性をめぐる調査研究を蓄積し，日本におけるソーシャルワーク実践の行動指針となるべき倫理綱領を策定することが，先行すべき課題として挙げられた。「福祉元年」の掛け声をいきなり福祉専門職の廃止や施設統廃合の流れへと方向転換させることになった臨調行革に対する危機感もあり，この時期，ソーシャルワーク実践の専門性確立に向けたさまざまな取り組みが行われることとなった。その後，社会福祉士及び介護福祉士法の制定（1987年）を目前にした1986年になってようやく，日本最初の倫理綱領が，日本ソーシャルワーカー協会によって採択され，今日に至っている。

このように，倫理綱領の制定は，ソーシャルワークの専門職化のプロセスにおいて重要な位置を占めてきたと言えるが，価値がソーシャルワークにおける意志決定のかなりの部分を方向づけるのに対し，倫理綱領の場合，一貫した倫理哲学が欠如しているために，幾つかの矛盾した責務が混在しており，解決困難なコンフリクトや倫理的ジレンマに直面したソーシャルワーカーが活用できる実際的な分析枠組みや行動指針を与えてくれるものとはなり得ていない。そのため，ソーシャルワーカーは倫理綱領に従う責務を負っている一方で，援助場面における行動指針として参照されることはほとんどないという矛盾が起きている。

こうした状況を踏まえてローズ[22]（Rhodes, M. L.）は，実践家が必要としているのは，一連のガイドラインではなく，最善かつ選択可能な意志決定に至るプロセスで生じるさまざまな葛藤と疑問に焦点を当てた新たな倫理分析の枠組みだと指摘している。ローズによれば，倫理を理解する上で最も重要となるのは「他者との関係性（relation to others）」（p. 43）であり，倫理的意志決定についての思考は，「他者との関係の中で我々はいかに生き行動するのか」，あるいは「自分と相互作用する人々との関係はどのようなものであるべきか」という問いから始まる。関係性の尊重に基づく倫理的分析を導く質問群としてローズは，以下の七つを挙げている（pp. 51-53）。

1．クライアントのものの見方は，どのようなものか
2．ワーカーとしての私自身の視点は，どのようなものか
3．クライアントの見方と私自身の視点の違いを，ワーカーとしてどう扱うべきか
4．どのような選択が求められているのか
5．行動のための，オルターナティブな進路にはどのようなものがあるか
6．選択肢はそれぞれ，どのような立場を代表しているか
7．私が辿り着いた解決法は，対人援助に従事するワーカーとしての私の目標と一致しているか

　この質問群は，女性のニーズに敏感になり，またそれに対する自らの応答のあり方を内省するうえで，非常に有効であると思われる。なぜならそれは，倫理綱領において示されるクライアントの「利益の優先」「個別性の尊重」「受容」「秘密の保持」といった行動指針をより具体化し，自らの実践をクライアントとの関係性の中でより詳細かつ倫理的に分析することを可能にしてくれるからである。
　ジェンダーをめぐる規範は，程度の差はあれ，多くのソーシャルワーカーの意識に内面化されている。意図するとせざるとにかかわらず，女性に対する「二重基準（double standard）」はさまざまな形で援助の実際場面に持ち込まれており，人間としての平等と尊厳への志向が倫理綱領の原則として掲げられているにもかかわらず，実際にはジェンダーに基づく二分法が肯定され，下位に置かれた女性のニーズはますます周辺化される傾向にある。援助を求めてやって来る一人ひとりの女性との関係性の中で自らの実践をとらえ，「ジェンダーに対する繊細さ」（gender sensitivity）を備えた相互作用のあり方を模索することが，ソーシャルワークにおけるフェミニスト倫理の開拓と発展にとって不可欠の作業であると思われる。

3. フェミニスト視点に基づくソーシャルワーク実践の開発に向けて

　これまで，ソーシャルワークにおける価値と倫理という観点から，ソーシャルワーク実践が女性ゆえのニーズを周辺・疎外化してきたコンテクストを概観してきた。そこから見えてきたのは，女性一人ひとりによって経験されている物理的剥奪や精神的苦痛といったさまざまな苦境と心配事が，社会文化的なコンテクストのなかでとらえられておらず，それらが個人的な問題に還元されるなかで，変わるべきは女性自身であることばかりが強調されてきたという社会的現実である。女性の嘆きや叫び，その真実の声に耳を傾けるよりも，ジェンダーによる規範に従い，それを内面化した政策と実践が大勢を占め，女性による求援的行動に温かな手が差し伸べられることはほとんどなく，今日に至っている。

　ジェンダーに基づくニーズを下位に置く価値選択のもと，女性に対する支援システムの構築は著しく遅れ，女性を犠牲化・非難する風潮に荷担する政策および実践を監視 (monitoring)・評価 (evaluation) する倫理分析枠組みの開発もまた，未着手のままとなっている。こうしたなか，女性の多くは，孤立無援状態へと追いやられたまま，孤独な苦闘を強いられているのが現実であり，女性のウエルビーイングをホリスティックにとらえ，そのニーズにどう応答していくかについて熟慮することは，現在のソーシャルワーク実践がつきつけられている大きな倫理的課題であると思われる。

　それではこうした状況を踏まえたうえで，これからのソーシャルワーク実践は，具体的には，何をどう変化させ，どういう道程を辿っていったらよいのだろうか。まず何より求められるのは，ソーシャルワークにおける「状況の中の人 (person-in-situation)」という概念枠組みを女性に当てはめ，女性一人ひとりのニーズを，構造化されたジェンダーが生み出す社会文化的なコンテクストのなかで捉え直すという作業だろう。女性が直面する諸問題，心配事，それらが女性のウエルビーイングに及ぼす心理社会的影響，そうした状況を生き抜くた

めに女性が選択してきた対処戦略を,「状況の中の人」という視点から理解し,孤立無援状態を生きる女性に積極的にアウトリーチしていくと同時に,女性を孤立無援状態に追いやる社会的諸状況の改善に努めることが,「人」と「環境」の双方に働きかけることを特徴とするソーシャルワーク実践の使命であると考えられる。

それはまた,言い換えるならば,ソーシャルワークが取り組むべき社会問題を定義する際にジェンダーという概念を導入し,その概念図にジェンダーに基づく抑圧の規模と諸状況を克明に記述すること,そして構造化された慣習的なセクシズムに挑戦することを意味している。ジェンダーはもとより,人種,障害の状況,年齢,セクシュアリティ,階級に根ざした不均衡な社会的力関係を変え,一人ひとりが自分自身の人生を生き,社会的諸関係を切り結び,自己実現のための手段と力量を蓄積できる社会を創造していくこと,そのためにこれらの人々に寄り添い,協働していくことが今,求められている。

このような実践を切り拓いていくために,全英ソーシャルワーカー協会では1999年に,Practical Social Work シリーズの一冊として,『女性とソーシャルワーク——女性に焦点を当てた実践に向けて（Women and Social Work : Towards a woman-centred practice)』を出版しているが,その内容は,日本におけるソーシャルワーク実践の今後を考えていくうえでも,非常に示唆的である。例えば,本書の結論部分において著者は,女性のニーズに応答可能なソーシャルワーク実践を展開していくために必要と思われる実践綱領（practical code）として,効果的な介入を促進するための諸戦略と技術,そして個々のソーシャルワーカーに求められる気づき（awareness）を具体的に列挙しているが,これは,フェミニスト実践をめざすソーシャルワーカーにとって,一つの行動指針としての役割を果たすものと考えられる。

そこでは,女性に焦点を当てた実践を可能にする諸技術として,「女性が語る経験を信じ,女性が持ち寄る諸問題,そして彼女自身を受け入れること」「女性が自分の気持ちを表現することを励まし,またその妥当性を認めること」「アセスメントを含む援助過程において,女性間の共通性と多様性を認知する

とともに、女性の強さを認め、また、女性が生き抜くために開拓してきた様々な対処法を評価すること」「女性が負っている過剰な責任に境界線を設けるよう励まし、それを除去・軽減するための方法をともに探し、ささやかなものであってもよいから女性のためのスペースをつくること」「女性の経験、資源、対処法をわかち合うことができるよう女性たちを励ますこと」「可能な限り、非ヒエラルキー的な関係の構築をめざし、協働的な方法を用いること」「女性が自分自身の人生に対するコントロールをとりもどし、プログラム開発や機関の政策決定過程に女性の参加を促す方法を見つけること」「女性に向けて発信される情報をチェックし、被害者を非難するような定義やアセスメントに挑戦すること」「女性のための資源の拡充に向けて他機関と協働し、女性のエンパワーにつながる経験やサービスを提供してくれる女性団体とネットワークを持つこと」などが挙げられている。

　そして、「女性が援助を必要としているまさにその時に、女性が抱えている現在の問題を解決し、状況を変え、生活を改善するために用いることができる方法」を常に模索していくことが重要であり、それは「技術」だけでなく、個々のソーシャルワーカーの「気づき」があって初めて可能になることが強調されている。この「気づき」には、「女性を、妻、母、介護者、思春期の少女、高齢者といった社会的役割に基づいて見るのではなく、一人の女性、その人自身として受け入れること」「性的なステレオタイプや条件づけ、差別が、個々の女性にどのような影響を及ぼしており、また、女性たちが自分自身についてなされる決定をどのように受け止めるかに敏感になること」「機関やプログラム、理論や技術に内在するセクシズムに気づき、自分自身の中にある、女性に対する個人的な態度やバイアスを洞察すること」「女性に関する社会的諸定義が、いかに女性の"問題"を引き起こしてきたかを認識し、女性のパーソナリティや行為を病理化しようとする風潮に抵抗すること」などが含まれている。

　これらの諸提案は、これからのソーシャルワークが、諸サービスやプログラム、また個々の実践に内在するジェンダーとその諸影響を分析し、新たな価値志向と行為基準を創造していくうえで、具体的な指針をもたらしてくれること

だろう。そしてまた，その成否は，この作業を，政策立案者，機関・施設管理者，実践家だけでなく，女性たちの参加のもとに，女性たちとともに行うことができるか否かにかかっていると思われる。抑圧的な諸状況下でもたらされる種々の苦境を生き抜くために，多くの女性たち——障害のある女性，高齢の女性，民族的・人種的マイノリティの女性たち——が培ってきたさまざまな経験は，私たちに多くのことを教えてくれる。フェミニストの視点からソーシャルワークの価値志向を見直し，女性のニーズへの応答を可能にする実践綱領を再設定するために，ソーシャルワークは今，これらの人々にあらためて寄り添い，その経験を分かち合うことから出発することが求められている。

注

(1) シャーウィン，S.，岡田雅勝・服部健司・松岡悦子訳［1998］『もう患者でいるのはよそう——フェミニスト倫理とヘルスケア』勁草書房：54～55．
(2) タトル，リサ，渡辺和子監訳［1991］『フェミニズム事典』明石書店：120．
(3) 杉本貴代栄［1993］『社会福祉とフェミニズム』勁草書房
(4) Reinfarz, S. [1992] *Feminist Methods in Social Research*, Oxford Univ. Press.
(5) Sherman, J. A. & Beck, E. T. [1979] " Introduction ", J. A. Sherman & E. T. Beck (eds.), *The Prism of Sex*, Madison : University of Wisconsin Press, p. 4.（シャーマン＆ベック（編），田中和子編訳［1987］『性のプリズム』勁草書房：4．)
(6) 田中和子［1994］「フェミニスト社会学のゆくえ」，井上輝子他（編）『フェミニズム理論』岩波書店：79．
(7) フックス，ベル，清水久美訳［1997］『ブラック・フェミニストの主張——周縁から中心へ』勁草書房：1．
(8) 同上：1．
(9) Dary, K. [1998] *Rethinking Feminist Ethics : Care, trust and empathy*, Rhoutledge : London and New York.
(10) シャーウィン，前掲訳書：44．
(11) McGowan, B. G. [1995] " Values and Ethics," Meyer, C. H. & Mattaini, M. A. (eds.), *The Foundation of Social Work Practice*, NASW Press : 32.
(12) *Ibid.* : 28-30.
(13) Reamer, F. G. [1982] *Ethical Dilemmas in Social Service*, New York : Columbia University Press.
(14) Levis, H. [1972] " Morality and the politics of practice ", *Social Casework*, No. 53.
(15) Loewenberg, F. M. [1984] " Professional ideology, middle range theories and

knowledge building for social work practice", *British Journal of Social Work*, No. 14.
(16) ブトゥリム，ゾフィア・T．，川田誉音訳［1986］『ソーシャルワークとは何か──その本質と機能』川島書店
(17) Loewenberg, F. M. & Dolgoff, R. [1992] *Ethical Decisions for Social Work Practice* (4th ed.), Itasca, IL : F. E. Peacock.
(18) Reamer, F. G. [1983] "Ethical dilemmas in social work practice", *Social Work*, No. 28.
(19) Levy, C. S. [1976] *Social Work Ethics*, Human Sciences Press.
(20) レヴィ，チャールズ・S．，小松源助訳［1984］『ソーシャルワーク倫理の指針』勁草書房
(21) 佐々木達雄［1995］「社会福祉専門職と倫理問題」，田代国次郎（編）『社会福祉研究入門』中央法規出版：286．
(22) Rhodes, M. L. [1991] *Ethical Dilemmas in Social Work Practice*, Milwaukee : Family Service America.
(23) Hanmer, J. & Statham, D. [1999] *Women and Social Work : Toward a Women-centred Practice* (2nd ed.), Macmillan.

結章 フェミニスト倫理へ向けて

杉本貴代栄

　本書は，社会福祉に構造化されたジェンダー不平等を生じさせる「負の倫理」―ジェンダー・エシックスを明らかにすることを試みた論文集である。倫理とは，人間を拘束・束縛する社会規範である。このような文脈からして，ジェンダーから派生し，社会福祉と女性の関わりを規定する倫理を，本書ではジェンダー・エシックスと名付けた。しかし他方で倫理とは，人間を種々な拘束や束縛から自由にし，社会の仕組みを変えることに資するものでもある。後者の意味する倫理はフェミニスト・エシックスと名付けられ，その展望についての議論が始まったところである。本書では，フェミニスト・エシックスを向かうべき方向として，ジェンダー・エシックスを乗り越えるものとして捉え，社会福祉の諸領域におけるジェンダー・エシックスを検討することを試みた。

　しかし，このような作業は緒についたばかりで，目標に近づくためには未だ多くの時間と作業が必要である。そこでこの最後の章では，本書において明らかになったこと，残された問題点，取り組むべき課題を明らかにすることにより，社会福祉とジェンダーの関わりを整理してみたい。このような作業が，フェミニスト倫理へ向けての議論を広く喚起することにつながると考えるからである。

1. 構造化・内面化された倫理

　本書の各章で論じられているそれぞれの（そして同根の）倫理とは，いずれ

も私たちの社会の構造に深く組み込まれている。各章は，それらがいかに構造化され，内面化されたかを明らかにする。

　第1部は，ジェンダーから派生する倫理として代表的ないくつかの規範について論じている。伊田論文は，制度の改革には意識・規範の変革を伴うことが必要だとした上で，「家族単位」という倫理を批判する。そして，家族単位に代表される古いジェンダー・エシックスに対抗するものとして，シングル単位思想を提起する。大日向論文は，意識や規範のなかでも最も強く埋め込まれ，また強硬に施行されてきたものの一つである「母性」を取り上げ，どのようにして意識やイデオロギーが形成され，またそれがいかに政策の策定に寄与したかを明らかにする。子育てと同時に，高齢社会においてその重要性がますます強調される介護もまた女性の役割とされる代表的なものであるが，このような「ケア役割」の規範については内藤論文が論じている。ケア役割は家庭内だけではなく，家族外の女性をも対象として内面化されるのである。大越論文は「性規範」について取り上げ，男性中心的な性規範を批判する。問われなければならないのは，売春を肯定してきた文化・社会体制―構造化された意識・価値観であり，そのためには買春体制を告発するフェミニスト・エシックスが必要であると主張する。すでに気が付いた読者もいることと思うが，社会福祉にとって克服しなければならないこれら重要なジェンダー・エシックス，「家族単位」「母性」「ケア役割」「性規範」を論じているのは，狭義の社会福祉の研究者ではない。いかに社会福祉の領域ではジェンダーが看過されてきたか，また社会福祉の研究にとってフェミニズムからの触発がいかに必要かがよくわかる。

　これに反して第2部は，ほとんどが社会福祉の実践や教育に携わっている論者によって書かれている。ここではジェンダーから派生する倫理は，より社会福祉の実践の現場に即して論じられる。横浜寿町のケースワーカーとしての経験をもとにした須藤論文は，「生活保護の女性観」という，福祉事務所の実践のなかに見え隠れするジェンダー倫理を論じている。高井論文は，ドメスティック・バイオレンスという「新しい問題」を取り上げることによって，私的領

域におけるジェンダー倫理について論じている。家族という個人的な感情が支配する場では、力の行使を暴力とみなすか否かの判断は個人の判断とされてきた。しかし、そのような「個人の判断」とは、男女間で平等に配分されているのではなく、ジェンダーと深く関連している。大塩論文は、妻が夫に扶養されることを前提とした社会保障・社会福祉の「家族観」を取り上げ、それらが女性の自立を促すことに機能していないことを社会保障・社会福祉制度のなかで具体的に明らかにする。伊藤論文は、女性障害者の結婚生活を検討することを通して、女性障害者には「女性観」と「障害者観」という二重の倫理の抑圧が存在することを明らかにする。最後の吉田論文は、ソーシャルワーク実践について取り上げる。現在の社会福祉実践がジェンダー問題に十分対応していないとの認識の上にたって、ソーシャルワークにおける価値と倫理をめぐる議論にジェンダーの視点が必要であること、フェミニスト倫理によるソーシャルワーカー倫理綱領の再検討が必要であることを論じている。

　各論文が明らかにしたこと——私たちの社会がジェンダーから派生する倫理をいかに構造化しているか、つまりこのような価値観がいかに強固であり、社会福祉のなかでどのように施行されるかという例は、最近のできごとにもよくあらわれる。例えば、介護保険の見直し論議のなかで出た、亀井静香の「美風」発言を誰でも思い起こすだろう。家族の介護をするという「美風」を維持するために、外部の介護サービスを利用せずに重度の高齢者の介護をしている世帯に、介護保険の枠外で慰労金を支給するという決定のことである。亀井案では「月額5万円の慰労金」であったが、最終的には年に10万円までと減額され、対象者も要介護度4と5の重度と認定された高齢者の介護をしている住民税非課税の低所得世帯で、年に1週間程度のショートステイを除いて外部のサービスを利用しなかった世帯に制限された。介護保険のサービスを1年間利用しなかった家族に対して、2001年度に現金が渡される。

　さらに介護保険の実施体制自体も、家族介護を前提としたうえでホームヘルパーという女性の周辺労働を構造的に組み込むことによって構成されている。実際に社会福祉協議会や特別養護老人ホームなどで働くホームヘルパーのほと

んどは女性で，40歳以上が8割を占め，正規の雇用形態を取るものは2割強，ホームヘルパー自身が「やりがいのある仕事で今後も続けたいが，重労働で社会的地位が低い」という不満を抱いている。またホームヘルパー自身が書いた文章によっても，仕事量が保証されておらず，「主婦の片手間仕事」として位置づけられていることがよくわかる。社会福祉の構造自体が，このようなジェンダー・エシックスをいわば「含み資産」として構成している。

2．ジェンダー・フリーの陥穽

　各論者が(明示的にまたは暗示的に)論じている二つ目のことは，ジェンダー問題がセカンド・ステージに入ったということであろう。政府主導型でジェンダー・フリー「政策」が進行中であることは，一方では期待を抱かせるけれども，他方では新たな警戒心を抱かせる。このようなセカンド・ステージは，社会福祉とジェンダーの関わりに，どのような影響を与えるのだろうか。

　国連主導型で進行した男女平等社会への志向は，1990年代半ばになって日本政府においても明らかになった。それは1999年6月に成立・施行された男女共同参画社会基本法によくあらわれている。この法律は，男女共同参画社会の形成の促進を総合的かつ計画的に推進することを目的とし，男女共同参画社会の形成に関しての基本理念を定め，国，地方公共団体，国民の責務を明らかにした。基本理念として，男女の人権の尊重，社会における制度又は慣行についての配慮，政策等の立案及び決定への共同参画，家庭生活における活動と他の活動の両立，国際的協調，の五つをあげている。

　基本法は，あくまで理念を示したものであり，女性差別撤廃条約において制定することを義務づけられた性差別禁止法ではないという不満はあるものの，性差別禁止や女性政策の策定に法的根拠を与えることになる。また，性差別をつくりだす社会における制度または慣行をなくしていくという基本理念は，現在議論が集中している，税制・年金などの不平等についても，再検討を促す根拠を提供することが期待される。

結章　フェミニスト倫理へ向けて

　しかし一方で，基本法を通して明らかになった男女共同参画社会の社会像とは，フェミニスト倫理から描く社会像とは，どうも少し異なるようである。「女性差別の存在」や「男女平等化を目指す」ことを「男女共同参画」と言い換えた社会とは，ジェンダー・フリーがすでに実現した社会のようである。私たちは，そのただなかに身を置いているかのようである。このような社会像は，本書が問題にしているようなジェンダーから派生する倫理が厳として存在すること，それを認識し乗り越えることを第一義的な命題とする私たちの課題を曖昧にするかもしれない。

　このような社会像の下では，私たちは新たな社会福祉の課題を抱えるのではないだろうか。「見える」ようになった女性が抱える社会福祉の課題は，男女が抱える共通の問題をして，再び「見えにくく」なる─ジェンダー側面が希薄化する，という懸念である。二つの例をあげてみよう。

　はじめの例はDV（ドメスティック・バイオレンス）である。男女の社会的な力関係が反映されて私的な場で行われる男性からの女性への暴力であるDVについては，女性の深刻な被害が明らかになるにつれて，被害女性を援助するための社会的な対応が検討され始めた。DV防止を目的とする法の制定も，やっと入口に立ったところである。シェルターを運営する女性団体や研究チームが法案の草案つくりに取りくむという民間での動きにあわせて，国会でも参院の「共生社会に関する調査会」が，審議を始めたところである。

　高井論文が書いているように，「私的領域に法が介入しないのは，国家の怠慢というよりは，私的領域の統制を通して社会秩序を統制しようという国家の統制の意図の現れとみなす方が妥当ではないかと私は考える。（中略）私的領域，特に家族における法の介入は，社会を秩序づける最小単位としての家族を破壊しかねないからである。家族の自由というよりは，家族という制度と領域を守るために，家族構成員間の暴力は不問にされた」（第7章）のであれば，DVの法制化とは男性中心の家族の規範を見直す方向に向かうことが期待されるのだが，必ずしもそうとはいえないようである。DVが優れて「女性問題」であるという認識から，「男女が抱える共通の問題」として捉えられる傾向がある。

193

このような「風向き」のなかで検討されるDV防止法とは，家族規範を見直すDV防止法とは少し様子の違うものになりそうである。

男性と女性を平等に扱おうとすることは，一方の性を対象とした法律つくりを回避することになる。男性も女性も，暴力の被害者になる可能性は同じようにあるのだから。しかしこのような見方は，DVは男女の社会的な力関係の反映であるとするジェンダー問題を看過することになる。現在国会で審議されているDV防止法は，法の対象は女性だけとは限定しないで男女ともを対象とし，実際の援助や救済の方策は女性を主たる対象者と想定したものとして議論されているという。[4]

もうひとつの例は，児童扶養手当をめぐる議論である。生別母子世帯（一部死別も含まれる）への主たる経済援助である児童扶養手当は，父母の離婚等により父と生計を同じくしない18歳未満の児童，または20歳未満で一定の障害の状態にある児童を監護養育している母等の申請に対して行われる援助で，1997年3月末で，64万9千人が受給している。母子世帯のうちのどれぐらいの割合が児童扶養手当を受給しているかというと，厚生省調査を例にとれば，71.9％が受給している。使途としては生活費が圧倒的に多く（69.7％），次いで教育費（25.5％）である。つまり児童扶養手当とは，厳しい所得制限がありながらも多くの母子世帯が受給し，かつ生活費として使われているという，苦しい状況に置かれた母子世帯にとって必要な援助であることがわかる。[5]

この児童扶養手当の予算の削減が毎年俎上にのせられる。母子家庭が急激に増加しているわけではないが，離婚の増加により手当の支給総額が増えているために，支給総額は1998年度で3,100億円あまり，都道府県負担分をのぞいた2,400億円が国の負担で，児童福祉予算の35％を占めているからである。1998年度の児童扶養手当の実施にあたっても，全額支給される対象はこれまでと同じだが，減額支給となる年収の上限が407万8千円未満から300万円未満へと切り下げられた。これにより約7万世帯がもらえなくなり，約80億円の国庫負担が節約された。生別母子世帯の増加は，今後も児童扶養手当の減額をターゲットにすることになるのだろう。

児童扶養手当をめぐる新たな議論とは，母子世帯だけを対象とすることの是非である。何も生活に困窮しているのは母子世帯だけではなく，ひとり親ということなら父子家庭も同じ条件下にある。性による区別でなく，経済的条件により区別し，父子世帯も対象にすべきだという見解である。確かに生活に困窮している父子世帯もいるわけだし，母子世帯だけを対象とする援助は「平等化」の流れからすると「不公平」であるという見解に同意する人も少なくないだろう。

しかし，上記したような予算の削減の危機に立たされている児童扶養手当を平等に支給するということは，父子世帯をも含めて支給を拡大するという結論よりも，父子と同じく母子にも平等に支給しないという結論に容易に行き着くだろう。確かにジェンダー・フリー社会が実現しているのなら母子世帯だけでなく平等に支給すればいいのだろうが，現状では同じひとり親であっても，母子世帯と父子世帯とでは置かれている社会状況がかなり異なる。特に，仕事を得る機会や得られる賃金は，母子世帯が圧倒的に不利である。その理由として，いくつかの「負の倫理」を指摘するまでもないだろう。

このようなセカンド・ステージにおいては，社会福祉のなかのジェンダー問題はより鮮明に意識され，検討されなければならない。「フリー」ではなく，障害を障害として認識し，それを乗り越えることが目指されなければならない。

3. 社会福祉が取り組むべき課題

それでは，ジェンダーから派生する倫理を乗り越えるためにどのような取り組みが必要なのか，具体的な方法をいくつか提案してみたい。

1）倫理綱領の再確認——倫理綱領をいかに実践するか

吉田論文が言及したように，ジェンダー倫理を批判し乗り越えるためには，「ソーシャルワーカーの倫理綱領」の再確認が必要だろう。倫理綱領は，日本ソーシャルワーカー協会が1986年に採択・宣言したもので，その後1993年には，

社会福祉士の職業団体である日本社会福祉士会も，倫理綱領として採択した。したがって，ソーシャルワーカーの二つの団体が共有する倫理綱領であり，両団体合わせて約8,000人のソーシャルワーカーにとって指針となる倫理綱領である。このなかには人間としての平等と尊厳への志向が倫理綱領の原則として掲げられているにもかかわらず，女性に対する二重規範が社会福祉実践のさまざまな場面に持ち込まれ，女性が価値の劣るもの，下位に位置づけられるものとして扱われている。倫理綱領がありながら，きちんと実践されていないということが批判的に検討されなければならない。それらの作業とは，すでに14年がたった倫理綱領自体を再検討すること，実習教育や現任訓練も含めて実践のなかで倫理綱領の具体的な運用を検討すること，倫理をめぐる議論を活発にすることが含まれる。

　倫理綱領を具体的なソーシャルワークの実践と結びつけて理解し，実践の指針にすることについては，『ソーシャルワーク倫理ハンドブック』（中央法規出版，1999年）に詳細に記されている。本書は，倫理綱領を理解し，ソーシャルワーク実践を原点に帰って省みるには格好の本である。具体的な例がいくつも示され，外国人の問題，エイズの問題，子どもの虐待等，現代的課題も多く示されている。しかし，「女性問題」をいくつかとりあげてはいるものの，ジェンダーから派生する問題として十分に取り上げているとは言い難い。ジェンダーとしての社会福祉問題について，倫理綱領を指針とした実践にも言及する必要があるだろう。

2） 日本社会福祉学会の役割

　アメリカのソーシャルワーカーの団体や学会は，1980年代からたびたびジェンダー問題を共通テーマに取り上げたり，「フェミニスト部会」を設けたりと，積極的にジェンダーを取り入れることを試みたが，日本における社会福祉分野での最大の学会である日本社会福祉学会が同様な役割を担うことが期待される。同学会は第1回大会を開催した1954年以降現在まで，同趣旨のテーマを掲げたことは一度もない。ただ，1984年の第32回大会から研究発表の分科会に，「婦

人福祉」（1991年から「女性福祉」と名称を変更）を加えた。途中中断した年もあるが，1988年以降は毎年分科会を開催し，「女性に関する社会福祉問題」の発表の場となっている。部会として研究発表の場を提供することだけではなく，ジェンダー問題に関してのより活発な議論の場を提供することが望まれる。

　また，同学会は特別研究や調査研究を行っているが，ジェンダー関連の調査等も，学会ならではの方法で行えるはずである。例をあげると，日本社会福祉学会が同会員を対象に行った『社会福祉学研究者実態調査報告書』（1992年）は，社会福祉に内在するセクシズムの存在を明らかにする資料となっている。同報告書によると，社会福祉の教育機関では圧倒的に男性が多いこと，男性では「大学」に所属する人が多く，女性は，「短期大学」「専門学校等」「その他」が男性に比べて高い。回答者のうち，研究・教育に携わっている人が8割いるが，男性は「教授」が38.6％と最も多いが，女性は「教授」は18.3％であり，最も多いものは，「非常勤講師」「専任講師」である。その他，出身学部，専門研究領域も性別により違いがある。つまり社会福祉学における女性研究者は，おうおうにして研究条件が劣る環境で，男性研究者より下の職階で，「中心的」でないとされる領域を研究対象にしている。[7]

　このような組織だった調査や研究も，学会という大規模な基盤があってこそできるものであり，よりジェンダー・イッシューに焦点を合わせた調査研究が行われる必要があるだろう。例えば上記のような社会福祉研究者に関する調査でも，近年になって社会福祉援助技術教育と実習指導の強化・重点化が図られたにもかかわらず，その実務を担っているのは女性の助手や嘱託職員であるという実態も調査の対象に含まれることが必要だろう。

3） 日本社会事業学校連盟の役割

　日本社会事業学校連盟は，社会福祉に関する研究科・専攻科・学部・学科を有する大学院・大学・短期大学・それに準ずる学校から構成され，社会福祉教育に関する調査・研究，社会福祉教育改善のための相互援助・情報の交換を行うことを目的とする団体である。1955年に発足し，現在100余校が参加してい

る。このような唯一の団体である日本社会事業学校連盟が，社会福祉教育のなかでジェンダー問題を取り上げること——ジェンダー・センシティヴなカリキュラムつくり——を推進する役割を担うことが期待される。

　アメリカの社会福祉教育のなかにジェンダーが取り上げられていった経過を見ると，CSWE（Council on Social Work Education：社会福祉教育協議会）が果たした指導的な役割が大きかったことが指摘できる。それまで二つに分裂していた学校連盟が合同して新しい組織CSWEを創設したのが1952年。以後，CSWEは連邦教育省の監督の下で，大学院・学部の認定とカリキュラムの策定を役割とし，社会福祉教育をリードすることになる。CSWEは1977年に「女性問題」を含めたカリキュラムを作成し，「社会福祉教育における女性の平等を達成するためのプロジェクト」を創設した。1982年には，すべての社会福祉大学院のカリキュラムに「女性問題」を含むことを義務付けた。1983年には年次会議のプログラムのなかに，「The Feminist World View Educators」というグループも創設した。

　CSWEが果たしたこのような役割により，大学での社会福祉教育にどのくらいジェンダー・センシティヴなカリキュラムが取り入れられたのだろうか。1988年にナイトが行った調査によると，この時点で多くの学部・大学院でジェンダー・センシティヴな教育が行われていた。ナイトは，CSWEによって認められている全米のすべての学部・大学院の446プログラムを対象にして，どのような「女性問題」が取り上げられているかについて調査したが，回答があった大学のほとんどは，何らかの「女性問題」をカリキュラムに取り上げていた。ナイトが分類した10の「女性問題」のうち，最も積極的に取り上げられていたのは，「セクシズム／性差別」「性役割」「貧困の女性化」「家庭内暴力」であった（表1）。それに反して消極的な対応がとられているものは，「ソーシャルワークのなかのセクシズム」「レズビアニズム」「リプロダクティヴ・ライツ」であった。また，どのような分野（コース）でそれらが取り上げられているかというと，「実践コース」が最も積極的で，「調査コース」が最も消極的であった。

結章　フェミニスト倫理へ向けて

表1　回答者(総数194)の大学が積極的にカリキュラムに取り上げていると答えた「女性問題」

	%	総数
セクシズム／性差別	96.2	187
性役割	91.5	178
貧困の女性化	88.4	171
家庭内暴力	83.3	162
ソーシャルサービス実施における性差別	75.8	147
性的虐待	65.5	127
フェミニスト・ソーシャルワーク	64.3	125
ソーシャルワークのなかのセクシズム	50.9	99
レズビアニズム	50.9	99
リプロダクティヴ・ライツ	43.1	84

出所：Knight [1991] "Gender-Sensitive Curricula in Social Work Education: A National Study."

　翻って，日本の社会福祉教育のなかでジェンダーがどのように取り上げられているのかを知る資料はほとんどない。私はかつて，国立婦人教育会館が行った「高等教育機関における女性学関連科目等の現況——1993年調査報告」(1994年発行)を資料として，社会福祉系学部・学科で行われている講座を拾い上げるという作業を通して，社会福祉教育におけるジェンダー・センシティヴなカリキュラムの存在を調べたことがあるので，それを引用してみることにしよう（ただし同調査は，全大学が対象となっていないこと——前回調査の対象となった大学だけが対象——，担当教員による「自己申告」であるから「女性学関連講座」の捉え方はまちまちであること，1993年以前の状況しかわからないという理由により，現状を把握する資料とはいえない)。それによると，短期大学の幼児教育学科や保育科が最も多く何らかのジェンダー関連講座をおいていた(19校)。多くは，「女性論」「女性学」といった講座である。4年制大学の福祉系学部・学科では，1993年の時点で，13校が何らかのジェンダー関連講座を開講していた。最も対応が少ないのが介護福祉学科で，わずか2校だけが対応していた。総計すると，33校が，「何らかの」ジェンダー関連講座をおいていたことになる。[9]

　1993年の時点で，全国で福祉系の学部・学科をおく4年制大学・短大がどれ

ぐらいあったかを正確に把握するのは難しいが，日本社会事業学校連盟への加盟校数が62校（4年制大学41校，短大・その他21校）であったので，33校という総数は少なくはない数だと受け取る人もいるだろう。しかし，そのほとんどがいわゆる「教養教育」に置かれた「女性学」の講座で，専門科目ではない。また，ほとんどは各大学で1講座ずつ開講されているに過ぎない。

ジェンダー・センシティヴなカリキュラムを作り上げることは，社会福祉教育のなかでジェンダーの問題が正しく取り上げられるようにすることである。ジェンダーについて取り上げることは，今までとは異なる，新たな思考方法を作り出すことになる。そしてこの方法とは，女性に限らず他の抑圧されている集団について考える方法を提供してくれるだろう。社会福祉が抱える極めて現代的な課題——例えば，外国人労働者やアジアの女性問題，多様な家族等——のためにも必要とされているのである。ジェンダー・センシティヴなカリキュラムの作成にあたって，CSWEが基準をつくり監視したような役割を果たすことが，例えば学校連盟内部に「ジェンダー部会」を設置し，加盟校におけるカリキュラムの実態調査を行うことが早急に必要とされるだろう。

4） その他の職業団体が果たす役割

以上の例としてはあげなかった職業団体（日本ソーシャルワーカー協会，日本社会福祉士会，日本介護福祉士会等）も，ジェンダー問題をそれぞれ積極的に取り上げる必要があるだろう。改めて指摘するまでもなく，このような職業団体のメンバーは女性が大勢を占めている。社会福祉の仕事が「女性の仕事」とされる倫理や価値とは，それぞれの職業団体にとって看過できる問題ではないはずである。

1955年に既存のソーシャルワーク関係団体を統合して結成されたNASW (the National Association of Social Workers：全米ソーシャルワーカー協会）が，1970年代という早い時期に女性ソーシャルワーカーを組織する一連の運動を展開し，1975年にNASW内部に「女性問題に関する全米委員会（NCOWI）」を創設したことは，職業としてのソーシャルワークに存在する

「女性差別」を克服することと，フェミニスト・ソーシャルワーク実践を発展させることに寄与したことをあげておこう。1980年代に入ると，NCOWIは「女性によるソーシャルワーク実践に関する会議」を開催するなど活発な活動を展開し，現在に至っている。

おわりに

社会福祉の乗り越えるべきジェンダー倫理とは，社会福祉に構造化され，内面化されている。また，ジェンダー・フリーが政府の政策においても明確に「志向」されるセカンド・ステージに入った今，それを乗り越えるべき「理由」は曖昧化される危惧もある。シャーウィンがヘルスケア・システムについて述べたように，「社会を通してしみ通っている支配の構造は，医療においても再生産されている。ヘルスケア配分の内でも外でも性は重要な指標となっている。しかしヘルスケア・システムの体制は，より大きな社会の権力を反映しているだけでなく，そういった社会の構造を持続化させることにもなっている」[10]ことを社会福祉の領域でも強く認識し，乗り越える努力をすることが必要なのである。

社会福祉の倫理の検討が，「負の倫理」を乗り越えることから出発しなければならないことは，私たちはスタートラインから出発するのではなく，マイナスから出発しなければならないことを意味している。でもそれはまた，フェミニスト倫理が取り組むべき重要な課題であることを明らかにし，私たちに限りないエネルギーを与えてくれるのである。

注

(1) 例として，以下のものをあげておく。大越愛子［1996］『フェミニズム入門』ちくま新書。シャーウィン，スーザン［1998］『もう患者でいるのはよそう――フェミニスト倫理とヘルスケア』勁草書房。Walker, Margaret Urban [1998] *Moral Understandings : A Feminist Study in Ethics,* Routledge. Sevenhuijsen, Selma [1998] *Citizenship and The Ethics of Care,* Routledge. Koehn, Daryl [1998] *Rethinking Feminist*

201

Ethics : Care, Trust and Empathy, Routledge. The Feminist Review Collective, ed., [1998] *Feminist Ethics and the Politics of Love,* Routledge. Porter, Elisabeth [1999] *Feminist Perspectives on Ethics.*
(2)　「ホームヘルパーの就業実態と意識（調査研究報告書 No. 119）」（日本労働研究機構, 1999年）参照
(3)　高橋道子「ホームヘルパー開業中」(1999年2月13日～5月1日, 毎日新聞連載), 松崎有子『ホームヘルパー最前線』（現代書館, 2000年）等参照。どちらも登録ヘルパーとしての仕事の実状を記録したもので, 職業として成り立つ労働時間と報酬と仕事内容に欠けている状況について報告している。
(4)　2000年2月19日の私的な会合での, 参議院議員大脇雅子氏の報告による。
(5)　厚生省児童家庭局「全国母子世帯等調査結果の概要」(1995年）参照
(6)　例えば, 1998年12月24日の朝日新聞の社説は, 児童扶養手当が母子世帯に果たす役割を評価したうえで制度の改善について論じているが, その「改善」には, 所得の低い父子家庭への制度の拡大も考慮すべきこととしてあげられている。
(7)　杉本貴代栄 [1997]「社会福祉研究の軌跡」,『女性化する福祉社会』勁草書房, 所収参照
(8)　Knight, Carolyn [1991] " Gender-Sensitive Curricula in Social Work Education : A National Study ", *Journal of Social Work Education,* Vol. 27, No. 2. 参照。
(9)　杉本貴代栄 [1998]「社会福祉教育とジェンダー」,『金城学院大学論集』社会科学編第40号, 参照
(10)　シャーウィン, スーザン, 岡田雅勝・服部健司・松岡悦子訳 [1998]『もう患者でいるのはよそう』勁草書房, 参照

〈執筆者紹介〉（執筆順）

伊田広行（いだ　ひろゆき）第2章
現職：大阪経済大学経済学部教員。主な著書：『21世紀労働論――規制緩和へのジェンダー的対抗』青木書店；『シングル単位の社会論――ジェンダー・フリーな社会へ』世界思想社；『シングル単位の恋愛・家族論――ジェンダー・フリーな関係へ』世界思想社；『性差別と資本制――シングル単位社会の提唱』啓文社

大日向雅美（おおひなた　まさみ）第3章
現職：恵泉女学園大学人文学部教授。主な著書：『母性の研究』川島書店；『子育てと出会うとき』NHK出版；『母性愛神話の罠』日本評論社；『母性は女の勲章ですか？』扶桑社；E・D・アイヤー『母性愛神話のまぼろし』（共訳）大修館書店

内藤和美（ないとう　かずみ）第4章
現職：群馬パース看護短期大学教授。主な著書：『女性学をまなぶ』三一書房；『女性のデータブック　改訂第3版』（共著）有斐閣；『ドメスティック・バイオレンス――夫・恋人からの暴力をなくすために』（共著）有斐閣；『児童虐待の実態とその対策――実態調査を踏まえて』（共著）多賀出版；『共生・参画時代の女性学』（共著）ナカニシヤ出版

大越愛子（おおごし　あいこ）第5章
現職：近畿大学文芸学部教員。主な著書：『フェミニズム入門』筑摩書房；『闘争するフェミニズムへ』未来社；『ジェンダー化する哲学』（編著）昭和堂；『加害の精神構造と戦後責任』（編著）緑風出版

須藤八千代（すどう　やちよ）第6章
現職：横浜市中福祉事務所ケースワーカー・東邦大学医療短期大学非常勤講師。主な著書：『歩く日――私のフィールドノート』ゆるみ出版；『子どもの性的虐待』（共著）大修館書店；『社会福祉のなかのジェンダー』（共著）ミネルヴァ書房；『「ゆらぐ」ことのできる力――ゆらぎと社会福祉実践』（共著）誠信書房

高井葉子（たかい　ようこ）第7章
現職：城西国際大学経営情報学部教員。主な著書：『女性問題キーワード111』（共著）ドメス出版；『企業のなかの男と女』（訳書）生産性出版；『女性学ブックガイドII』（共著）三修社

大塩まゆみ（おおしお　まゆみ）第8章
現職：福井県立大学看護福祉学部社会福祉学科教授。主な著書：『家族手当の研究――児童手当から家族政策を展望する』法律文化社；『老後保障を学ぶ人のために』（共著）世界思想社；『女はどこまで視るのか』（訳書）勁草書房

伊藤智佳子（いとう　ちかこ）第9章
現職：日本福祉大学社会福祉学部非常勤講師。主な著書・論文：『自立を選んだ障害者たち――愛知県重度障害者の生活をよくする会のあゆみ』（共著）愛知書房；「障害者の自立生活運動の現状と課題――車いすセンターの活動を中心に」『都市問題』第85巻1号（東京市政調査会）；「ピア・カウンセリングを考える――障害をもつ自己を受け入れ、生き生きした生活を送るために」『社会福祉研究』第67号（鉄道弘済会）

吉田恭子（よしだ　きょうこ）第10章
現職：愛知県立大学文学部社会福祉学科専任講師。主な著書：『ソーシャルワーク理論を学ぶ人のために』（共著）世界思想社；『社会福祉のなかのジェンダー』（共著）ミネルヴァ書房

〈編著者紹介〉

杉本貴代栄（すぎもと　きよえ）第1章・結章
　現職：金城学院大学現代文化学部福祉社会学科教授
　主な著書：『女性化する福祉社会』勁草書房；『社会福祉とフェミニズム』勁草書房；『ジェンダーで読む福祉社会』有斐閣；『社会福祉のなかのジェンダー』（編著）ミネルヴァ書房；『日米のシングルマザーたち』（共著）ミネルヴァ書房

ジェンダー・エシックスと社会福祉

2000年10月20日　初版第1刷発行　　　〈検印省略〉

定価はカバーに
表示しています

編著者	杉本　貴代栄	
発行者	杉田　啓三	
印刷者	田中　雅博	

発行所　株式会社　ミネルヴァ書房
607-8494　京都市山科区日ノ岡堤谷町1
電話代表　075-581-5191番
振替口座　01020-0-8076番

Ⓒ杉本貴代栄ほか，2000　　創栄図書印刷・藤沢製本

ISBN4-623-03267-1
Printed in Japan

杉本貴代栄編著
社会福祉のなかのジェンダー ￥2800
──福祉の現場のフェミニスト実践を求めて

杉本貴代栄・中田照子・森田明美編著
日米の働く母親たち ￥2136
──子育て最前線レポート

中田照子・杉本貴代栄・森田明美共著
日米のシングルマザーたち ￥2600
──生活と福祉のフェミニスト調査報告

中田照子・杉本貴代栄
J. L. サンボンマツ／N. S. オズボーン共著
学んでみたい女性学 ￥2000
──フェミニズムと女性の生活

伊藤セツ編著
ジェンダーの生活経済論 ￥2800

佛教大学総合研究所編
ジェンダーで社会政策をひらく ￥1800

伊藤裕子編／大日向雅美ほか共著
ジェンダーの発達心理学 ￥2800

──── ミネルヴァ書房刊 ────
http://www.minervashobo.co.jp/